Susanne Ernst

Verbindung wirkt Wunder



vianova
Verlag Via Nova

Susanne Ernst

# Verbindung wirkt WUNDER

Wie eine glückliche Familie gelingen kann

vianova
Verlag Via Nova

***Ein Wort an die Leserinnen und Leser:***

Dieses Buch soll dem Leser, der Leserin eine Hilfe zur Selbsthilfe geben. Es vermittelt eine Vielzahl sorgfältig recherchierter und erarbeiteter Informationen, Übungen und Techniken. Eine Garantie kann jedoch nicht übernommen werden. Die in diesem Buch enthaltenen Informationen und Übungen stellen keinen Ersatz für eine ärztliche, psychiatrische oder psychotherapeutische Behandlung vor Ort dar. Jede Anwendung der auf den folgenden Seiten dargestellten Übungen erfolgt im alleinigen Ermessen und in der alleinigen Verantwortung des Lesers, der Leserin. Weder die Autorin noch der Verlag haften für etwaige Schäden, die vermeintlich direkt oder indirekt aus der Anwendung der im vorliegenden Buch enthaltenen Informationen entstanden sind.

---

1. Auflage 2023

**Verlag Via Nova, Alte Landstraße 12, 36100 Petersberg**

Telefon: (06 61) 6 29 73

Fax: (06 61) 96 79 560

E-Mail: info@verlag-vianova.de

Internet: www.verlag-vianova.de

Umschlaggestaltung: Guter Punkt, München

Satz: Sebastian Carl, Amerang

Druck und Verarbeitung: Appel und Klinger, 96277 Schneckenlohe



ISBN 978-3-86616-524-3

---

Für Thomas,
mit dessen Liebe alles möglich ist

Und für Johanna,
der Funke unserer Inspiration

# Inhalt

# Dank

Durch die großartige Weisheit von Chuck und Lency Spezzano wurde ich zum ersten Mal 1986 in einem Seminar dazu inspiriert, mein Leben anders anzuschauen. Ich habe damals verstanden, dass ich meines eigenen Glückes Schmiedin bin und dass sich wiederholende, schmerzhafte Muster aufgelöst und geheilt werden können. Nach vielen Jahren intensiver Arbeit an mir selbst und meiner Geschichte begann ich, als Trainerin in Coachings und Seminaren meine eigenen Erfahrungen weiterzugeben. Meine große Dankbarkeit gilt den Begründern der *Psychology of Vision*®, die mich bis heute auf diesem Weg begleiten und inspirieren.

In einem meiner Seminare trat Anna Bücheler mit der Idee an mich heran, ein Buch zu schreiben. Sie hatte ein Buch vor Augen, in dem ich nicht nur mein theoretisches Wissen über Beziehungen, sondern auch meinen persönlichen Lebensweg als Partnerin, Mutter, Schwester und Freundin teilen würde. Denn auf diesen Erfahrungen basiert meine Arbeit. In den folgenden zweieinhalb Jahren arbeiteten wir gemeinsam an den Texten. Während des Schreibens sind wir zusammen durch viele Prozesse gegangen. Wir haben uns gegenseitig inspiriert und unterstützt, haben gezweifelt, geweint, gelacht und hatten eine Menge Spaß. Ich empfinde tiefe Dankbarkeit für Anna, denn ohne sie hätte dieses Buch niemals entstehen können.

Auch meine Freunde Brigitte Geyer Simmen und Reto Simmen möchte ich in Dankbarkeit erwähnen. Sie haben mit ihrer überraschenden finanziellen Großzügigkeit das Buchprojekt unterstützt.

Maria Stepper, meine ehemalige Nachbarin und Kollegin im Operationssaal, inspirierte mich mit ihrem Feedback. Als Freundinnen haben wir viele gute Wegstrecken gemeinsam zurückgelegt. Ihr sorgfältiger Blick auf den Text entdeckte einige Ungereimtheiten, für die wir kreative Lösungen fanden.

Auf meiner Lebensreise, die sich auch in diesem Buch spiegelt, entstanden tiefe Freundschaften. Allen voran sind Alexandra Angermann Stieger und Doris Gluderer Merz schon seit langem meine Flügel. Ohne sie hätte ich niemals so hoch fliegen können und wäre sicher mehrfach abgestürzt. Aber auch viele der lieben Menschen, die immer wieder an meinen Seminaren teilgenommen haben und mit ihren Fragen in Coachings zu mir gekommen sind, wurden wertvolle Freunde und Freundinnen. Ich bin unglaublich dankbar für diese schönen Begegnungen, die mein Leben immer wieder bereichern und dieses Buch inspiriert haben.

Mit Freude und Dankbarkeit erfüllt mich das Team, das sich über die Jahre um meine Seminare gebildet hat und sich um die Organisation, Kleingruppenleitung, technische Unterstützung und Musik kümmert. Ganz herzlich danke ich für ihre Freundschaft und Herzensunterstützung: Patrizia Isler Abt, Yvonne Müller Rohrer, Claude und Silke Dawood, Elisabeth Schneider, Monique Barger, Berit Gunkel, Conny Rossmann-Vögl und Gunther Rossmann, Elisabeth Spornraft, Petra Hornung, Sybs Bauer und Thea Underegger.

Danken möchte ich auch jenen Freundinnen und Freunden aus dem deutschsprachigen Trainerteam der *Psychology of Vision*, die ich oben noch nicht erwähnt habe. Mit ihnen durfte ich viele Schritte gemeinsam gehen: Ute Baues, Torsten Konrad, Gerd Kühnen, Silvia Stiessel und Ute Wiemann. Ich danke außerdem dem internationalen Trainerteam, deren Namen zu viele sind, als dass ich sie hier einzeln aufführen könnte. Ihre innige Freundschaft, Unterstützung und Wegweisung bedeuten mir enorm viel. Wir Trainerinnen und Trainer sind zu einer weltweiten Familie zusammengewachsen, was ich absolut einmalig und großartig finde.

Herr Martin Büttner vom Verlag Via Nova hat mich warmherzig aufgenommen und bei diesem Projekt begleitet und geleitet. Frau Ulrike Kraemer hat mein Manuskript ausgezeichnet und sorgfältig lektoriert. Ich danke beiden von Herzen.

Mein Vater und meine Mutter begleiten mich seit jeher mit ihrer Energie und Liebe. Ihr Übergang in die jenseitige, körperlose Welt hat daran nichts geändert. Meine Schwester Christine steht mir nicht nur mit Rat und Tat bei. Ihre Schwesternliebe ist auch Trost und Balsam für meine Seele.

Ohne meinen Mann Thomas und unsere zwei Söhne Jasper und Oliver hätte es dieses Buch nicht gegeben. Denn ohne sie wäre ich nicht, wer ich bin. Sie sind nicht nur meine glückliche Familie, sondern auch meine wichtigsten Beziehungen. Ihre Liebe und Verbundenheit, die sich in meinem Herzen spiegelt, machen mein Leben reich und glücklich.

# Anmerkungen zu diesem Buch

Alle Beispiele in diesem Buch wurden anonymisiert. Die Namen der betreffenden Personen sind frei erfunden.

Der Einfachheit und besseren Lesbarkeit halber verwende ich für „Partner" manchmal nur die generische männliche Form, meine damit aber natürlich immer sowohl den Partner als auch die Partnerin.

# Vorwort

von Chuck Spezzano

Wir sind auf diese Erde gekommen, um glücklich zu sein. Wir sind gekommen, um uns zu heilen und unsere Ganzheit wiederherzustellen. Im Leben sollen wir deshalb die wertvollen Lektionen lernen, wie wir andere verstehen und uns wieder mit ihnen verbinden können. Unter jedem Problem und jedem schmerzhaften Ereignis verbergen sich Geschenke, die das Problem oder den Schmerz auflösen können. Wir sind gekommen, um diese Geschenke zu öffnen.

Die Wahrheit darüber, dass alle Antworten in deinem liebenden Herzen liegen, findest du in dir selbst. Wenn du diese Wahrheit aufdeckst, befreit sie dich von Schmerz, Stress und anderen Illusionen, die Dunkelheit erzeugen. Wir alle haben das Bedürfnis zu erfahren, wer wir in Wahrheit sind. Doch fast jeder hat Angst, nach innen zu schauen. Wir haben Angst vor den Emotionen, die wir dort finden. Wir haben zum Beispiel Angst, dass die Schuld, die wir anderen zugewiesen haben, in Wirklichkeit uns selbst gehört. Solche Angriffe und Selbstangriffe können wir aufgeben. Wenn es keinen Selbstangriff gibt, gibt es auch keinen Angriff auf andere. Wenn es keine Schuldgefühle gibt, gibt es auch keine Schuldzuweisung oder gar Verurteilung der anderen. Was wir über uns selbst glauben, hat uns Angst gemacht. Weil wir uns davon distanzieren wollten, es nicht fühlen wollten, haben wir es in die Welt projiziert und so leben wir in einer Welt der Illusion.

Aber wir können die Wahrheit über die Liebe und die Unschuld in uns Schicht für Schicht ausgraben, bis wir wissen, dass niemand Schuld hat, nicht einmal wir selbst. Damit werden wir durch die Liebe ermächtigt und wir ermächtigen andere. Unsere Heilung führt zu größerer Ganzheit und dadurch kommen Glück und Gesundheit in unser Leben und in das Leben der Menschen in unserer Umgebung.

Susannes Buch erklärt, warum Verbindung Wunder wirken kann und hilft, einen besseren Weg zu finden. In seinem tiefsten Aspekt kann es die Trennung von der göttlichen Liebe beenden, die die Ursache allen Schmerzes und aller Probleme ist. Wenn wir die Verbindung von Herz zu Herz wiederherstellen, heilen wir Schuldgefühle, Angst, Autoritätskonflikte und andere Dinge, über die wir uns beklagen. Wir können viel Zeit sparen, wenn wir uns durch Susannes Geschenk – ihr Buch, das sie im Licht ihrer eigenen persönlichen Reise geschrieben hat – selbst erforschen. Was Susanne weitergibt, hat sie in jahrzehntelanger Heilungsarbeit selbst gelernt. Sie ist weise und mitfühlend. Sie ist ein Geschenk für uns alle.

# Einleitung

## Wohin dich dieses Buch führen kann

Wenn ich mein Leben und die unzähligen Konflikte in meiner Familie betrachte, habe ich eines gelernt: Es lohnt sich, in Beziehungen zu investieren. Manchmal fühlt es sich aussichtslos an, wieder zueinanderzufinden. Unsere Entscheidung, in Liebe, Verbundenheit, Vergebung, Wertschätzung und Dankbarkeit zu investieren, kann jedoch alle Hürden überwinden. Nach dreiunddreißig Jahren Ehe mit zwei inzwischen erwachsenen Kindern schaue ich oft staunend und dankbar zurück. Ich hätte niemals gedacht, dass ich einmal eine so glückliche Familie haben würde.

Die Arbeit mit Chuck und Lency Spezzano hat in meinem Leben vieles möglich gemacht. Ich bin ihnen unendlich dankbar für ihre Inspirationen, die sie mich nicht nur gelehrt, sondern mir auch vorgelebt haben. Die Herangehensweisen der von ihnen entwickelten *Psychology of Vision*® haben mich auf einen guten Weg geführt. Inzwischen bin ich viele neue Schritte gegangen und habe eigene Methoden entwickelt. Aus meinen Erfahrungen des Suchens und Findens und aus dem tiefen Wunsch nach einem besseren, leichteren und liebevolleren Leben heraus ist dieses Buch entstanden.

Mein Weg hin zu der glücklichen Familie, die ich mir wünschte, war nicht immer einfach und ist noch lange nicht zu Ende. Ohne die enorme Geduld und Liebe meines Ehemannes Thomas hätte ich unsere Beziehung vor langer Zeit aufgegeben. Wir haben im April 1990 geheiratet und zwei Söhne bekommen: den ersten nach zwei, den zweiten nach vier Jahren. Damals war unsere Verliebtheitsphase bereits vorbei und in unserer Ehe war die Hölle los. Wir stritten uns oft. Ich konnte die Situation fast nicht mehr aushalten und war kurz davor, mich von meinem Mann zu trennen. Dieser Gedanke war sehr schmerzhaft, weil wir uns im Grunde liebten. Aber unsere Machtkämpfe und unsere Konkurrenzdynamik, die mich wiederum in Wut, Angst und Schuldgefühle brachten, schienen unüberwindbar. Der Alltag mit zwei kleinen Kindern machte unsere Schwierigkeiten noch schlimmer. Wenn ich die Paare in unserem Freundeskreis betrachtete, sah ich, dass sie ganz ähnliche Probleme hatten. Ich spürte, dass die Dynamik des Machtkampfs und der Konkurrenz nicht die Wahrheit war. Es war nicht der Weg, den ich gehen wollte. Deshalb begann ich, mich für neue Theorien und Ideen zu öffnen. Ich machte mich auf die Suche nach Hilfe. So entdeckte ich die Methoden der gewaltfreien Kommunikation und Techniken, die mir halfen, eine Brücke zu meinem Partner zu bauen, auch wenn mir das unmöglich schien. Ich merkte, dass diese Techniken gar nicht so kompliziert waren. Im Streit mit meinem Mann wurden meine Emotionen allerdings oft derart intensiv, dass es am Anfang enorm schwierig war, diese Methoden umzusetzen. Wenig hilfreich war außerdem, dass ich mich im Streit im Recht fühlte, aber gleichzeitig von ihm gerettet werden wollte. Ich fand, dass er sich ändern müsste, wenn es mit uns wieder besser werden sollte. Natürlich war das ein großer Irrtum. Der Versuch, meinen Mann zu ändern, blieb vollkommen erfolgslos. Dieser Tiefschlag änderte allerdings etwas an meiner eigenen Einstellung. Ich begann zu verstehen, dass ich selbst mich ändern musste und dass nur meine Bereitschaft, einen neuen Weg einzuschlagen, unsere Ehe retten konnte. Deshalb fing ich an, meine eigenen Sichtweisen und Urteile anzuschauen. Was ich dabei lernte, motivierte mich, es anders zu machen. Ich erinnere mich gut an den ersten Streit, der nicht eskalierte, weil ich ihn auf eine gute Weise abbrechen konnte. Die Spannungen zwischen uns lösten sich innerhalb von Sekunden auf. Das war ein Meilenstein für mich und unsere Beziehung. Ich war auf der richtigen Spur. Ich hatte herausgefunden, wie es funktionieren konnte.

Diese Erfahrung des Erfolges mit dir zu teilen und das Vertrauen darin weiterzugeben, dass Verbindung auch in den schwierigsten Situationen möglich ist, ist mir ein Herzensanliegen. Verbindung an sich ist keine Zauberei. Aber unsere Bereitschaft, Verbindung aus uns selbst heraus wiederherzustellen, obwohl wir das für aussichtslos halten, bewirkt wahre Wunder. Wenn wir uns diesem Weg verpflichten, kann unser Traum von einer glücklichen Familie gelingen.

Dieses Buch richtet sich vor allem an Familien und Paare mit Kindern. Doch nicht nur, denn jedes Problem ist im Grunde ein Beziehungsproblem. So werden die Beispiele und Übungen auch Menschen helfen, die weder eine Beziehung noch Kinder haben, sich aber vielleicht beides wünschen. Es gibt in diesem Buch kein Problem, das ich nicht selbst erlebt und für mich gelöst hätte. Dennoch gehe auch ich jeden Tag ein Stück weiter. Denn eine gute Beziehung und gute Beziehungen ganz allgemein sind für alle Menschen ein Lebensthema. Genauso wie wir uns selbst verändern, wandeln sich auch unsere Beziehungen jeden Tag. Sie gehen fortlaufend von einer Ebene zur nächsten. Dieses Buch soll dir dabei helfen, diese Ebenen zu erkennen und zu erklimmen. Oft geben wir auf, kurz bevor wir es gewagt hätten, den nächsten Schritt zu gehen. Die Ideen, Themen und praktischen Übungen in diesem Buch werden dich in eine gute Richtung führen. So wie sie mich seit vielen Jahren begleiten, werden sie auch dich dabei unterstützen, eine glücklichere Beziehung, glücklichere Beziehungen und eine glücklichere Familie zu haben.

# Kapitel 1

## Kinderwunsch und andere Träume vom Glück

*Als mein Mann und ich bereit waren, eine Familie zu gründen, setzte ich die Pille ab. Ich habe erwartet, dass ich innerhalb kürzester Zeit schwanger werden würde. Aber es dauerte ein halbes Jahr, bis der Test endlich positiv war. Unsere Freude darüber war riesengroß. Doch schon im zweiten Monat verlor ich das Kind. Es traf mich wie ein Schlag. Der Verlust machte mich ungeheuer traurig. Trotzdem war ich nicht hoffnungslos, denn ich wusste ja, dass es einmal funktioniert hatte und deshalb wieder passieren würde. Doch auf die nächste Schwangerschaft musste ich sehr lange warten. Jedes Mal, wenn ich die Regel bekam, war ich sehr enttäuscht. Es mischten sich Zweifel unter meine Hoffnung. Nach einem halben Jahr wurde ich endlich wieder schwanger. Ich war so glücklich. Meine Gebete waren erhört worden. Doch schon nach ein paar Wochen verrieten mir Bauchkrämpfe, dass etwas nicht in Ordnung war. Ich hatte große Angst, dass ich auch dieses Baby verlieren würde, und so war es auch. Der Spontanabort mit großem Blutverlust schwächte mich sehr. Meine Gemütsverfassung war im Keller. Konnte ich keine Kinder bekommen? Würde ich nie Mutter werden?*

*Ich wusste, dass die Fehlgeburten mit den Narkosegasen zu tun hatten, denen ich als Anästhesieschwester fast jeden Tag im Operationssaal ausgesetzt war. Es war nicht mein Fehler, dass ich die Schwangerschaften nicht austragen konnte. Dennoch fühlte ich mich als Versagerin. Ich glaubte, dass ich als Frau biologisch nicht richtig funktionierte. Ich hatte große Schuldgefühle meinem Mann gegen-*

*über, der sich sehr ein Kind wünschte. Monatelang wurde ich nicht mehr schwanger. Mit der Zeit dämmerte mir, dass ich wie besessen war von meinem Kinderwunsch. Mir kam der Gedanke, dass ich von einem Kind irgendwie erwartete, dass es mich wieder ganz und als Frau besser machen sollte. Ich erkannte, dass das egoistisch war. Dennoch wollte ich unbedingt ein Kind.*

*Durch die Arbeit mit Chuck und Lency Spezzano erkannte ich, dass ich meinen Wunsch loslassen musste. Das machte mich enorm traurig. Trotzdem begann ich, mich für die Bereitschaft zu öffnen, mir ein Leben ohne Kinder vorzustellen. Das fiel mir nicht leicht. Aber es half mir zu erkennen, dass ich wegen meines unerfüllten Kinderwunsches eigentlich die ganze Zeit litt. Nichts, was ich tat, fühlte sich wirklich sinnvoll und gut an. Deshalb beschloss ich eines Tages, trotz dieses Problems wieder glücklich zu sein. Ich liebäugelte mit der Idee, Hebamme zu werden, weil ich auf diese Weise ganz viele „Kinder" haben würde.*

*Ich kam auf diese Idee, weil ich ein paar Jahre zuvor als Anästhesiespezialistin zu zwei Auslandseinsätzen für das Schweizerische Rote Kreuz nach Kambodscha und für das Internationale Rote Kreuz nach Angola berufen worden war. Meine Hauptaufgabe bestand darin, die Anästhesie bei Operationen zu verantworten und das lokale Personal auszubilden. Aber wie es das Glück wollte, half ich in dieser Zeit auch sehr vielen Babys auf die Welt. Gehilfin und Zeugin des Wunders einer Geburt zu sein war jedes Mal ein unbeschreibliches Glücksgefühl. Ich empfand meine Arbeit als ungemein erfüllend.*

*Also sprach ich mit der Leiterin der Hebammenschule in Bern und nahm die Anmeldeformulare mit nach Hause. Ich war der Meinung, damit einen guten Weg gefunden zu haben. Kurz darauf bemerkte ich eine Veränderung in meinem Körper. Ich war schwanger! Es war mir bisher gar nicht aufgefallen. Aber dieses Mal war ich nicht euphorisch. Ich war eher ängstlich und fragte mich die ganze Zeit, ob die kleine Seele wohl diesmal bei mir bleiben würde. Diese Angst belastete mich. Sie bedrückte mich und schuf Distanz zwischen mir und dem Kind. Das wollte ich nicht. Deshalb begann ich, mich dieser Angst zu stellen. Ich lernte, mich trotz meiner Angst mit meinem Kind liebevoll zu verbinden. Dadurch kehrte mein Vertrauen zurück. Ich spürte, wie die Bindung zu meinem Baby jeden Tag stärker wurde. So blieb dieses Kind schließlich bei mir. Nach einer problemlosen Schwangerschaft gebar ich einen gesunden Jungen, unser erstes Kind!*

## Sich nach einem Kind sehnen

Der Gedanke, ein Kind in das eigene Leben einzuladen, ist für viele Menschen ein archaischer, instinktiver Wunsch. Er kann unbeschreiblich tief sein. Umso größer ist auch der Schmerz, wenn sich dieser Wunsch nicht erfüllt. Nicht nur in meiner eigenen Geschichte bin ich diesem Schmerz begegnet, sondern auch in meiner Arbeit als Seminarleiterin und Coach. Bei vielen Paaren, mit denen ich an ihrem Kinderwunsch gearbeitet habe, hat sich der Wunsch letztendlich erfüllt. Wie bei mir selbst führte der Weg dorthin jedoch durch intensive Phasen der Selbsterforschung.

Denn bei einem unerfüllten Kinderwunsch geht es wie bei jedem unerfüllten Traum vor allem um Blockaden im Unterbewusstsein, die gelöst werden wollen. Das bedeutet, dass wir ein wenig mutig werden müssen. Denn wir müssen in unsere emotionale Erinnerung eintauchen und die Stellen finden, an denen wir unser Lebensglück unbewusst in eine unglückliche Richtung lenken. Diese Orte haben fast immer mit schlechten Erinnerungen, Traumata und negativen Emotionen zu tun. Deshalb klingt es nicht nach einer einfachen Aufgabe, sich dorthin zu begeben. Aber die Arbeit auf diesen tiefen Bewusstseinsebenen ist in den letzten Jahrzehnten viel einfacher geworden. Wir können inzwischen viel leichter und unspektakulärer unbewusste Blockaden lösen, als es für mich damals noch der Fall war. Deshalb möchte ich dich in diesem Kapitel dazu einladen, mit mir zusammen eine Reise in dein Unterbewusstsein anzutreten. Denn dort wirst du die Gründe finden, die dir im Weg stehen, dein Lebensglück zu genießen.

## Loslassen und Platz schaffen für Besseres

Wenn wir uns innig etwas wünschen, glauben wir in der Regel, dass unser Wunsch authentisch ist. Entsprechend verzweifelt können wir sein, wenn ein so starker Wunsch auch nach langer Zeit nicht in Erfüllung geht. Warum klappt es nicht? Was mache ich falsch? Warum ist das Universum gegen mich? Solche Fragen stellen wir uns. Unsere tiefen Träume erfüllen sich in der Regel aber deshalb nicht, weil wir zu sehr an ihnen festhalten und unseren „Glückskanal" dadurch verstopfen. Auch negative Emotionen, an denen wir festhalten, stehen uns beim Kinderwunsch im Weg. Solche Emotionen haben wir im Laufe unseres Lebens durch negative Erlebnisse angesammelt. Sie sind unbewusst, beeinflussen aber dennoch unsere Vorstellungen vom Leben, unsere Glaubenssätze und Verhaltensweisen ganz tiefgreifend. Viele dieser negativen Emotionen, Überzeugungen und Gewohnheiten tragen dazu bei, dass wir nicht wirklich vorankommen. Sie verhindern, dass wir gute Dinge empfangen können, weil wir unseren Geist auf negative Sichtweisen wie Opfergeschichten oder Schuld fokussieren. Darüber und wie wir negative Emotionen loslassen können, schreibe ich ausführlich in den Kapiteln „Familiendynamik erkennen und auflösen" und „Probleme sind nicht in Stein gemeißelt".

Opfergeschichten halten uns in einer Abwärtsspirale gefangen, die meistens auch mit Schuldgefühlen zu tun hat. Deshalb zweifeln viele Frauen zuerst an sich selbst, wenn sich ihr Kinderwunsch nicht erfüllt. So wie ich es getan habe, glauben sie, es sei ihre Schuld, dass sie nicht schwanger werden. Sie fühlen sich als Versagerinnen und greifen sich selbst an. Solche Emotionen machen uns Angst. Sie führen dazu, dass wir uns generell schlecht fühlen. Deshalb stellen wir uns in solchen Situationen meistens nicht nur gegen uns selbst, sondern auch gegen andere. Wir machen unserem Partner Vorwürfe oder sind wütend auf Gott, das Schicksal oder das Universum (je nachdem, wie du die Kraft, von der die Welt und das Leben kommen, nennen möchtest). Wir versuchen, unsere Schuldgefühle und andere negative Emotionen auf andere abzuwälzen. Aber das kann nicht funktionieren. Es führt nur dazu, dass wir selbst und alle anderen noch mehr leiden.

**Träume erfüllen sich nur, wenn wir sie loslassen.**

Deshalb geht es in diesem Kapitel darum, das Loslassen zu lernen, und zwar zuerst den Kinderwunsch an sich. Denn wenn wir krampfhaft an Wünschen festhalten, können sie sich auf keinen Fall erfüllen. Das kann man sich so vorstellen: Wenn ein Wunsch in unserem Energiefeld sehr stark ist, bindet er auch sehr viel Energie. Aus einer feinstofflichen Perspektive betrachtet sieht es deshalb so aus, als sei der Platz für die Erfüllung des Wunsches schon besetzt. Wir sind gar nicht mehr frei zu empfangen, weil uns das Festhalten an unserem Wunsch so sehr blockiert.

Vielen Müttern (und auch Vätern) gelingt das Loslassen, wenn sie sich von ihrem Kinderwunsch ab- und einer anderen Aufgabe oder einem anderen Projekt zuwenden.

*Mir hat die Idee, Hebamme zu werden, am meisten dabei geholfen, meinen Kinderwunsch freizugeben. Durch diese Perspektive konnte ich meine Vorstellung loslassen, dass ich unnütz und fehlerhaft sei, wenn ich als Frau nicht auch Mutter war. Ich konnte erkennen, dass ich als Hebamme auch auf andere Weise wertvoll für die Welt und für meine Beziehung wäre. Deshalb ließ ich mein Bedürfnis nach Anerkennung und meine Erwartung los, dass nur eine Schwangerschaft mich wirklich wertvoll machen würde. So schaffte ich Raum in meinem Körperenergiefeld. In diesen Raum konnte ich eine neue Seele einladen. Meine Einladung war nicht länger eine energetische „Klebefalle“, sondern war jetzt frei von Bedingungen und Erwartungen. Deshalb wurde sie auch angenommen.*

Manchen Paaren gelingt das Loslassen sogar sehr leicht, wenn sie sich einmal damit auseinandergesetzt haben. Sie brauchen nur in die Ferien zu fahren, den Stress und die Belastung des Alltags für ein paar Tage abzugeben, sich zu öffnen für Neues und schon klappt es mit der Schwangerschaft. Aber nicht immer ist es so einfach.

*Mit Inga habe ich fast drei Jahre lang an ihrem Kinderwunsch gearbeitet. Ihr Wunsch erfüllte sich erst, als sie ihren Job kündigte. Viele Jahre lang war Inga auf einer steilen Karriereleiter unterwegs nach oben. Sie arbeitete fast immer, auch am Wochenende, und war viel auf Reisen. Erst als ihr unerfüllter Kinderwunsch sie zum Umdenken zwang, erkannte Inga, dass in ihrem intensiven Berufsalltag weder Platz für ein Kind noch für eine stabile Partnerschaft vorhanden war. Mit ihrem Partner hatte Inga zwar den richtigen Vater für ihr Kind gefunden, aber sie hatte fast nie Zeit für ihn. Deshalb war die Beziehung in ihren Augen nicht tief genug, um ein Kind zu tragen. Darin bestand eine ihrer größten unbewussten Blockaden. Erst nachdem sich Inga bewusst entschieden hatte, die Beziehung wichtiger zu machen als ihre Karriere, wurde sie schwanger. Sie hatte außerdem kurz zuvor ihren Job gekündigt. Das hatte nicht nur damit zu tun, dass sich in Ingas Augen ihre persönliche, intensive Karriere und der Wunsch nach einer Familie gegenseitig ausschlossen. Es war auch ihr Weg, sich vom Druck zu befreien, alles gleichzeitig und obendrein perfekt haben zu wollen. Inga entschied sich dafür, ihre Energie zunächst in eine glückliche und stabile Partnerschaft zu investieren und Luft zu holen, statt ständig unterwegs und durch die Arbeit mental voll absorbiert zu sein. Dadurch veränderte sich auch Ingas Partner. Er wurde ebenfalls offener dafür, das Kind wichtiger zu machen als seine Unabhängigkeit. Und so konnte sich ihr gemeinsamer Kinderwunsch erfüllen.*

**Festhalten trennt,**
**Loslassen verbindet.**

## Bedürfnisse und Erwartungen an das Kind loslassen

Loslassen tut uns gut. Denn das Loslassen von Vorstellungen, Erwartungen und Bedürfnissen macht uns frei zu empfangen. Deshalb verwende ich gerne den Leitsatz: „Festhalten trennt, Loslassen verbindet." Dieses Prinzip ist ein zentraler Aspekt meiner Arbeit. Es hilft uns, ganz unterschiedliche Probleme zu lösen. Vor allem für Eltern ist der Gedanke sehr wichtig, dass Festhalten zu Trennung führt, Loslassen aber in Verbindung mündet. Denn Eltern sein hat grundsätzlich sehr viel mit Loslassen zu tun. Unsere Kinder kommen als Geschenk in unser Leben. Sie sind nicht unser Besitz. Wenn wir Kinder besitzen wollen, haben wir in der Regel Erwartungen, die unsere Kinder für uns erfüllen sollen. Dass es keine gute Voraussetzung ist, Kinder durch Erwartungen fesseln zu wollen, hat mein Beispiel oben schon gezeigt.

Kinder sind nicht in unser Leben gekommen, um unsere Bedürfnisse zu erfüllen. Sie sind vielmehr gekommen, um geliebt zu werden. Deshalb ist es nicht die Aufgabe unserer Kinder, uns zu lieben, sondern umgekehrt. Wenn wir die Schwangerschaft aufgrund unserer Bedürftigkeit wollen, ist der Kinderwunsch genau genommen eine Forderung. Er ist Ausdruck der Erwartungen, die wir an unseren Partner und an das Kind stellen. Forderungen und Erwartungen werden aber nie erfüllt. Es geht vielmehr darum, dass wir selbst geben, was wir von anderen haben wollen. Denn darin liegt das Geheimnis des Empfangens. Was Geben mit Empfangen zu tun hat, wird im Kapitel „Berufstätig sein oder zu Hause bleiben?" ausführlicher erklärt. Es geht im Prinzip darum, dass wir Gefühle nur dann fühlen können, wenn wir bereit sind, sie zuerst in uns selbst zu öffnen – obwohl wir das Bedürfnis haben, diese Gefühle von außen zu bekommen. Wenn wir uns zum Beispiel geliebt fühlen wollen, müssen wir zuerst bereit sein, selbst zu lieben. Nur wenn wir Liebe teilen, können wir sie auch für uns selbst empfangen.

Wenn sich unser Kinderwunsch nicht erfüllt, ist es also wichtig, unseren Bedürfnissen nachzuspüren und sie loszulassen. Was wünsche ich mir von meinem Kind? Was fehlt mir im Leben? Bin ich bereit, diese Sache zuerst in mir selbst zu öffnen und sie zu geben?

**Wenn sich unser Kinderwunsch nicht erfüllt, wollen wir unbewusst auch nicht schwanger werden.**

## Angst als unbewusste Blockade

Die Idee, dass wir durch Loslassen bekommen können, was wir uns wünschen, bezieht sich außerdem auf unsere Emotionen, Sichtweisen und Glaubenssätze. In der Regel halten wir an schmerzhaften Emotionen und unseren negativen Erfahrungen fest, weil wir glauben, uns dadurch im Leben vor noch mehr Schmerz und Verlust zu schützen. Aber das ist ein Irrtum. Denn wenn wir negative Emotionen wie Opfergefühle, Schuld und Angst – und auch die Glaubenssätze, die wir darauf aufgebaut haben – loslassen, schaffen wir Raum in unserem Geist für die Erfüllung unserer Wünsche.

Solche alten Ängste und andere unbewusste Emotionen werden an die Oberfläche gespült, wenn wir wieder einmal einen negativen Schwangerschaftstest bekommen oder ein Baby verlieren. Dann fühlen wir die Traurigkeit, Angst, Zweifel, Versagensgefühle, Schuld und den Verlustschmerz, die wir bereits in uns tragen, noch stärker. Denn diese Emotionen haben nicht nur mit unserer Situation in der Gegenwart zu tun. In Wahrheit sind sie schon sehr alt und kommen aus unserer früheren Geschichte. Ich habe bereits erklärt, dass negative Emotionen mit Traumata und schmerzhaften Erlebnissen in unserem Leben zu tun haben, die wir meistens ganz oder teilweise ins Unterbewusstsein verdrängt haben. Dort wirken negative Emotionen wie eine unbewusste Gedankenströmung, die uns von unserem eigentlichen Ziel abbringt – weil wir es in Wahrheit gar nicht erreichen wollen. Wir wünschen uns zwar bewusst, schwanger zu werden, aber unbewusst wollen wir es nicht. Dieses unbewusste

Nichtwollen einer Sache, die wir uns doch so sehr wünschen, hat vor allem mit großer Angst zu tun. Wir steuern unbewusst dagegen, weil wir Angst davor haben, dass sich unser Wunsch erfüllt, denn wir glauben unbewusst, dass dann etwas Schlimmes geschehen könnte.

*Gabriele, die an einem meiner Seminare teilnimmt, wünscht sich sehnlichst ein Kind. Aber obwohl sie es schon lange versucht, ist sie immer noch nicht schwanger geworden. Als wir in ihren Prozess eintauchen, stellen wir zunächst fest, dass Gabriele Angst davor hat, durch ein Kind ihren Partner zu verlieren. Sie macht sich Gedanken, ob die relativ frische Beziehung stark genug ist für ein gemeinsames Kind. Eine frühere Beziehung ist bereits an Gabrieles intensivem Kinderwunsch gescheitert. Auch Gabrieles derzeitiger Partner teilt ihren starken Kinderwunsch nicht in gleicher Weise. Deshalb fürchtet sie, dass er sich von ihr abwenden könnte, wenn sie schwanger wird. Auf der Situation lastet zusätzlich der Druck, dass Gabriele bald zu alt sein könnte, um ein Kind zu bekommen.*

*Weil ich aber spüre, dass es bei Gabriele um noch tiefere, unbewusste Angstblockaden geht, forsche ich weiter. Ich frage sie, welches Bedürfnis ihr die Schwangerschaft erfüllen soll. Was wünscht sich Gabriele von einer Schwangerschaft am meisten? Darauf antwortet sie, dass sie sich von einem Kind das Gefühl der Verbundenheit erhofft. „Dass wir als Familie immer zusammengehören, durch dick und dünn gehen, egal was passiert.“ Als ich weiter nach diesem Bedürfnis frage, beginnt Gabriele die Angst zu spüren, die ihren Kinderwunsch behindert. Es ist Angst vor Verlust, die aus der Vergangenheit stammt. Als junges Mädchen verlor Gabriele ihre Mutter. Durch ihren Tod zerbrach die emotionale Verbindung innerhalb der Familie. Daher rührt einerseits Gabrieles starker Wunsch, durch ein eigenes Kind eine neue Familie zu gründen. Sie glaubt, dass sie dadurch die Verbundenheit zurückgewinnen würde, die sie so sehr vermisst. Aber die Angst davor, wieder einen so großen Verlust zu erleiden, hindert sie daran, diesen Wunsch umzusetzen.*

*Gemeinsam tauchen wir deshalb in Gabrieles Verlustemotionen und in ihre nicht aufgelöste Trauer ein. Indem sich Gabriele entschei-*

*det, ihre Angst vor Verlust loszulassen und stattdessen die Liebe ihrer Mutter zu spüren, heilen wir viele Schichten dieser Trauergeschichte. Wir lassen den Schmerz und die Trauer in der Wärme mütterlicher Liebe dahinschmelzen. Gabriele fühlt sich danach getragen und gestärkt. Sie hat keine Angst mehr davor, schwanger zu werden. Ich lade sie ein, dieses selige Gefühl mit ihrem Partner zu teilen. Denn Gabrieles Liebe für ihren Partner ist der Kanal, durch den ihr Wunschkind zu ihr kommen kann.*

Angst, die unseren Kinderwunsch blockiert, kommt nicht immer daher, dass wir an unserer Beziehung zweifeln oder einen früheren Verlust nicht verarbeitet haben. Manchmal haben wir auch Angst davor, dass wir genauso schlecht sein könnten, wie unsere eigenen Eltern es waren. Deshalb verzichten wir lieber unbewusst auf ein Kind, als die Möglichkeit in Kauf zu nehmen, genau wie unsere Eltern zu versagen. Oder die Angst hängt damit zusammen, dass ein Kind sehr viel Veränderung ins Leben bringt. Wir wissen nicht, was auf uns zukommen wird, wenn wir Eltern werden. Wir spüren nur, dass unser Leben nicht mehr dasselbe sein wird. Viele Eltern kämpfen zudem mit der Vorstellung, sich durch ein Kind abhängig zu machen. Manchmal empfinden sie die Verantwortung, die sie als Eltern für eine Familie tragen müssten, als große Last. Das kann mit finanziellen Schwierigkeiten zusammenhängen, liegt aber häufiger daran, dass wir wissen, als Eltern werden wir viele Jahre lang kaum noch Raum und Zeit für uns selbst haben. Diese Unabhängigkeit wollen wir nicht aufgeben und bleiben lieber kinderlos. Oder wir haben einfach zu große Angst vor dem Ungewissen, vor der Möglichkeit, die Kontrolle über unser Leben zu verlieren.

Solche Ängste stehen uns beim Kinderwunsch im Weg. Denn angesichts der „drohenden Katastrophe“ erscheint uns das Risiko einer Schwangerschaft viel zu groß. Auch wenn uns diese Ebene nicht bewusst ist: Sie hindert uns daran, das zu empfangen, was wir eigentlich haben wollen. Deshalb ist es wichtig, dass wir diese Ängste und andere emotionale Blockaden aufdecken, uns ihnen stellen und sie lösen. Nur so können wir den Weg für unser Glück freimachen.

## Übung: Angst loslassen und ins Vertrauen finden

Angst lebt immer von der Vorstellung, dass möglicherweise in der Zukunft schreckliche Dinge geschehen könnten. Diese müssen gar nicht unbedingt eintreffen. Wir stellen uns nur vor, dass es so sein wird. Die Energie der Angst blockiert unseren Geist, unser ganzes Denken und unseren Körper. In der folgenden Übung kannst du den Körper zu Hilfe nehmen, um die Angst zu lösen und wieder in den Fluss positiver Gedanken zu kommen. Entspanne dich und vertraue der Weisheit deines Körpers.

- Stelle dich ganz locker hin und atme ein paar Mal tief ein und aus.
- Lasse deinen Körper erst langsam und dann etwas schneller in eine Schüttelbewegung kommen. Stelle dir vor, dass du alle Angst aus dir herausschüttelst und in die Hände des Himmels oder ins Universum abgibst.
- Lasse los und entspanne deinen Körper so, dass die Schüttelbewegung immer freier wird.
- Schüttle dich noch einen Moment länger, auch wenn du das Gefühl hast, alle Angst schon herausgeschüttelt zu haben.
- Dann lege dich hin und entspanne dich. Atme tief in den Bauch. Stelle dir vor, dass der Himmel deine Angst aufgenommen hat und dir dafür Frieden schenkt.
- Lasse diese friedliche Energie in dich fließen, bis du ganz zur Ruhe kommst.

## Liebe sprengt unsere Grenzen

*Als Gabriele bereit war, die bedingungslose Liebe ihrer Mutter wieder zu spüren, konnte sie nicht nur ihre Trauer und ihren Verlustschmerz loslassen. Sie ließ auch ihre Bedürfnisse los, die sie an den Kinderwunsch geknüpft hatte. Sie hörte auf, Liebe und Verbindung von ih-*

*rem zukünftigen Kind zu erwarten und einzufordern. Außerdem war sie bereit, die heilende Energie, die sie durch die neugeschaffene Verbindung mit ihrer Mutter spürte, in ihre Beziehung fließen zu lassen. Dadurch veränderte sich ihr Kinderwunsch. Er war nicht länger ein dringliches, überlebenswichtiges Bedürfnis, sondern eine Möglichkeit. Auf dieser Grundlage machte Gabriele ihrem Partner energetisch ein Angebot der Liebe: Würde ein Kind auf dem Strom bedingungsloser Liebe, den sie gerade geöffnet hatte, in ihre Beziehung kommen wollen, fände es dort Geborgenheit, Gemeinschaft, Partnerschaftlichkeit, Sicherheit und Bedingungslosigkeit. Diese Aspekte brachte Gabriele durch ihre Heilungsarbeit als Geschenk in ihre Beziehung ein. Sie war bereit für eine höhere Ebene des Glücks und offen, sie auch anzunehmen.*

Liebe lässt die Menschen schön werden und aufblühen. Durch Liebe werden wir besser. Unseren Partner können wir deshalb nicht genug lieben, gerade dann, wenn wir uns ein gemeinsames Kind wünschen. Manchmal denken wir aber, die Liebe zu unserem Partner größer zu machen als unseren Kinderwusch sei eine anstrengende Investition. Vor allem wenn wir uns dafür zuerst Emotionen und Bedürftigkeit stellen müssen, die uns im Weg stehen. Manchmal halten wir auch deshalb an negativen Emotionen und Bedürfnissen fest, weil wir es beinahe nicht aushalten können, so sehr zu lieben und so viel Glück zu erfahren. Ganz und gar lieben, vollkommen bedingungslos und ohne Grenzen, ist eine energetische Sensation. Es löst körperliche Reaktionen in uns aus. Meistens lachen wir oder fangen an zu weinen, wenn wir so tiefe Liebe spüren. In der Regel weinen wir Tränen der Freude. Aber manchmal bewirkt die große Öffnung unseres Herzens auch, dass alte Schichten negativer Emotionen an die Oberfläche kommen, die befreit werden wollen. Oft unterdrücken wir diese Emotionen sofort wieder und machen die Öffnung zu. Denn meistens wollen wir nicht, dass uns jemand so emotional erlebt. Es ist uns peinlich. Also gehen wir wieder in Rückzug. Auf diese Weise haben wir uns im Leben selbst beigebracht, Emotionen zu unterdrücken. Genau genommen wehren wir uns oft schon viele Jahre unseres Lebens gegen eine wirklich tiefe, herzberührende Verbindung zu anderen Menschen. Genau in dieser Tiefe liegt aber die Chance, durch Liebe Wunder möglich zu machen.

**Liebe macht Wunder möglich.**

Wenn wir intensive Glücksgefühle fühlen wollen, müssen wir also nicht nur lernen, unser Herz zu öffnen, sondern auch unseren Körper dafür zu trainieren. Denn im Allgemeinen sind wir körperlich ja vor allem den Mangel an Liebe gewöhnt. Deshalb ist unser Körper überfordert, wenn so viel Liebe aus uns heraus- und in uns hineinströmt. Wir können diese intensive Energie fast nicht aushalten. Wie beim Sport verbessert Training aber auch in Bezug auf Gefühle unsere Kondition. Mit der Zeit kommen wir nicht mehr sofort ins Schwitzen, wenn wir glücklich sind. Wir gewöhnen uns ans Glücklichsein und daran, dass wir deshalb eben manchmal weinen müssen. Unser Kinderwunsch ist eine großartige Gelegenheit, die schlechte Gewohnheit abzulegen, dass wir uns verschließen, nur weil wir Emotionen und Gefühle fühlen. Ohne positive Gefühle und ohne Bereitschaft, negative Emotionen zu fühlen und loszulassen, wird eine Schwangerschaft nicht glücklich.

## Glücksübungen

Die folgenden Übungen helfen dir, positive Gefühle leichter auszuhalten, die Süße tiefer Verbindung zu spüren und dein Herz für die Erfüllung deiner Träume zu öffnen.

### Übung 1: Visualisiere dein Glück

- Stelle dir vor, ein Lichtstrahl kommt aus dem Himmel, um dich mit der Seele deines Kindes zusammenzuführen. Forme deine Hände zu einer Schale und empfange dieses Licht.
- Im Schutz deiner Hände wächst das Seelenlicht heran. Es wird

ein süßes, strahlendes Baby. Wiege es in deinen Armen. Spüre, wie sich sein weicher, warmer Körper anfühlt.
- Gib dem kleinen Wesen so viel Liebe wie irgend möglich. Lasse dein Herz für es schmelzen.
- Wenn negative Emotionen in dir aufsteigen, halte sie nicht fest. Gib sie an den Lichtschein ab. Er kümmert sich darum.
- Verweile eine Zeit lang in dieser Seligkeit. Akzeptiere, dass das die Wahrheit über dich selbst ist.

## Übung 2: Wertschätze deinen Partner, deine Partnerin

- Was macht dein Partner, deine Partnerin besonders gut? Welche Aspekte seines, ihres Wesens kannst du besonders wertschätzen?
- Entscheide dich bewusst, in diesem Moment nur positive Dinge in ihm, ihr zu sehen. Alles, was dir an ihm, ihr nicht gefällt, kann warten.
- Dein Partner, deine Partnerin ist ein wunderbarer Mensch. Mache dieses Gefühl in deinem Herzen ganz groß.
- Stelle dir sein, ihr wunderschönes Gesicht vor und lasse deine ganze Liebe in ihn, sie hineinfließen. Berühre ihn, sie in Gedanken sanft an den Schultern und umarme ihn, sie.
- Lasse zu, dass deine Dankbarkeit und Liebe dich tief mit ihm, ihr verbinden.

## Übung 3: Bitte deine Ahnen um Hilfe

Diese Übung verbindet dich mit der Kraft deiner Ahnen und Vorfahren. Sie hilft dir, darauf zu vertrauen, dass du in deinem Prozess nie allein bist. Deine Ahnen sind da, um dir zu helfen. Bedingungslos, immer und überall.

- Kennst du die Menschen, die deine Ahnenfamilie bilden? Wenn du es wüsstest, wer sind sie?
- Lade sie ein, sich mit dir zu verbinden.

- Öffne dein Herz in Liebe und empfange ihre Geschenke. Was bekommst du von ihnen?
- Fühle in ihre Geschenke hinein und nimm sie an. Wie wirken diese Gaben in dir?
- Teile die Geschenke deiner Ahnen mit deinen Eltern, Geschwistern, Nichten und Neffen. Teile die Geschenke deiner Ahnen auch mit der Familie deines Partners.
- Spüre, wie beide Zweige der Familie in Wohlwollen und Freude zueinanderfinden. Stelle dir vor, dass daraus ein neuer Zweig an eurem Familienbaum erwächst.
- Heiße diesen neuen Spross willkommen und lade ihn ein, sein Licht mit dem eurer Familien zu verbinden.

## Theorie und Praxis

Manchmal haben wir im Kopf verstanden, dass wir unser Verhalten ändern, eine andere Sichtweise einnehmen sollten oder ein Problem angehen müssten. Wir wissen auch schon, was wir tun sollten, und trotzdem tun wir es nicht. Oder wir tun es, aber es führt nicht zum Erfolg. Wenn wir Dinge tun, weil wir sie tun sollten oder müssten, sind wir nicht authentisch. Unser Herz ist nicht wirklich dabei. Beim Kinderwunsch kann das auch so laufen. Wir können die obigen Übungen machen und werden trotzdem nicht schwanger. Manchmal müssen wir eben zuerst unsere Schmerzgrenze erreichen und genug Frust ansammeln, bevor wir wirklich bereit sind, einen Schritt weiterzugehen.

*Obwohl es aus biologischer und medizinischer Sicht schon längst hätte klappen müssen, hatte sich Tamaras Kinderwunsch immer noch nicht erfüllt. Sie hatte alles Mögliche ausprobiert, von Akupunktur über Homöopathie bis hin zu mehreren gescheiterten Versuchen künstlicher Befruchtung. Mit mir und anderen Therapeuten hatte sie jahrelang an ihren inneren Themen gearbeitet. Aber nichts hatte funktioniert. Vier intensive Jahre ihres Lebens hatte der Kinderwunsch in Beschlag genommen, aber vergebens. Als in ihren Augen keine Hoff-*

*nung mehr bestand, jemals Mutter zu werden, gab Tamara frustriert auf. Sie verbannte jeden Gedanken an Kinder aus ihrem Leben – und wurde schwanger.*

Tamara gehört zu den Menschen, die sich erst verändern, wenn ihnen das Wasser bis zum Halse steht. Das ist in Ordnung. Wir alle haben unseren Stil, wenn es um neue Schritte geht. Deshalb musste Tamara erst die Tatsache akzeptieren, dass sie nie Mutter werden würde, bevor sie schwanger werden konnte.

*Als ihr der Schmerz und die Enttäuschung zu groß wurden, gab Tamara die Vorstellung auf, dass ihr Leben nur mit Kind erfüllt sein würde. Sie machte die glückliche Beziehung zu ihrem Mann und ihre gemeinsame Liebe wichtiger als die Idee, gemeinsam Eltern zu sein. Mit dem Frust und der Akzeptanz fiel übrigens auch ihr Urteil weg, dass sie ohnehin schon zu alt sei, um noch Mutter zu werden. Ihr enormer Frust führte dazu, dass Tamara plötzlich bereit war, alles loszulassen. Auf unerwartete Weise wurde sie frei. Diese Energie der Freiheit schenkte sie dem Kind, nach dem sie sich jahrelang gesehnt hatte. Sie tat es mehr oder weniger unbewusst. Es passierte einfach von allein, weil sie nun bereit war, auf einem neuen Weg voranzugehen. Dieses Gefühl der Freiheit verstand ihr Kind offenbar als Einladung und nahm sie an.*

## Gemeinsam, allein und füreinander am Thema arbeiten

Wenn du dir ein Kind wünschst und nicht schwanger wirst, gibt es also nur eine Lösung: Loslassen. Alte Emotionen loslassen, Vorstellungen, Erwartungen, Bedürfnisse und den Wunsch an sich. Was ist es, woran du festhältst? Welche Erwartungen, Ängste und Bedürfnisse liegen unter deinem Kinderwunsch und blockieren seine Erfüllung? Willst du dich ganz öffnen für die Liebe? Was bist du bereit zu geben und zu empfangen?

Es kann sehr hilfreich sein, mit anderen über deine Erwartungen, Ängste und Bedürfnisse zu sprechen. Hinweise auf das, was du selbst vor dir verbirgst, kannst du bekommen, indem du zuhörst, wenn andere ihre Emotionen reflektieren. Die Gruppenübungen in meinen Seminaren basieren auf solchen Reflexionsgesprächen. Diese sind aber auch deshalb nützlich, weil wir dadurch merken, dass wir mit unserer Dynamik nicht allein sind. Auch wenn die Geschichten unterschiedlich sind, sind unsere Probleme oft sehr ähnlich. Allein das zu erkennen bewirkt oft schon Heilung. Wir spüren, dass wir nicht allein in der „Hölle" feststecken. Wenn wir unsere Themen gegenseitig reflektieren, kommt die Energie wieder in Fluss, durch die wir Auswege finden. Denn wenn etwas in unserem Leben nicht so läuft, wie wir es uns wünschen, haben wir immer zwei Möglichkeiten. Wir können sauer werden oder wir erkennen darin eine Einladung des Himmels nachzuforschen, woran wir festhalten. Die obigen Übungen helfen dir, Bereitschaft zu öffnen, loszulassen und die Geschenke des Himmels zu empfangen.

Übrigens spielt es keine Rolle, ob ein Paar gemeinsam am Thema Kinderwunsch arbeitet oder ob du es allein tust. Wenn einer von euch beiden sich für wahre Gefühle entscheidet und damit den Weg freimacht für ein Himmelsgeschenk, geschieht die Öffnung für beide. Ein wichtiger Gedanke, der in meiner Arbeit immer mitschwingt, ist der, dass wir alle miteinander verbunden sind. Wo sich jemand dem Licht zuwendet, eröffnet er Wege des Lichts für alle. Dass dieses Prinzip zutrifft, kann ich aus eigener Erfahrung bestätigen. Ich beobachte zum Beispiel immer wieder, wie sich mein Mann verändert, wenn ich für mich selbst eine neue Ebene erreicht habe. Obwohl mein Mann gar nicht „mitgearbeitet" hat, geschehen auch in seinem Leben schöne und gute Dinge. Das passiert deshalb, weil ich meine eigenen Themen auflöse und dabei mit ihm in Verbindung bleibe. Die Schwingungen der neuen Ebene haben positive Auswirkungen auf alle, mit denen ich verbunden bin.

## Ohne Kinder glücklich sein

Auch wenn Paare sehr gründlich und sehr lange an sich arbeiten, kommt es vor, dass ihr Kinderwunsch trotzdem unerfüllt bleibt. In meinen Coachings und Seminaren habe ich mehrmals mit Paaren gearbeitet, die sich zum Teil über viele Jahre hinweg nach einem Kind sehnten. Nicht immer führten ihr Loslassen und ihre innere Arbeit aber dazu, dass sie am Ende Eltern wurden. Das war jedoch keine Katastrophe. Im Gegenteil. Einige Paare haben durch ihre Arbeit erst erkannt, dass ihr wahrer Wunsch gar nicht darin lag, Eltern zu werden. Der Wunsch, dass ihre Beziehung trägt, hing nicht von einem Kind ab, obwohl sie das zuerst glaubten. Für diese Paare war die Kinderwunschzeit vielmehr eine Phase, in der sie sich selbst gefunden haben und den Mut hatten, zu dem zu stehen, was sie wirklich wollten. Sie erkannten, dass ihr eigentliches Ziel im Leben ihre gemeinsame Liebe war. Partnerschaft war für sie wichtiger als eine Familie.

Das Leben ohne eigene Kinder zu erleben ist eine Entscheidung. Dazu kann uns manchmal schlicht der Mut fehlen. Denn oft gibt es in unserem Umfeld Erwartungen, die wir erfüllen wollen. Wir tun, wovon wir denken, dass die anderen es von uns erwarten – auch wenn in unserem Tun keine Wahrheit steckt. Die kinderlosen Paare, mit denen ich gearbeitet habe, sahen in einer intensiven Beziehung den besten Weg, jene Ebenen im Leben zu erreichen, nach denen sie sich am meisten sehnten. Das waren zum Teil spirituelle Ebenen, aber es ging auch darum, dass das Geschenk der Partnerschaft tatsächlich wichtiger für sie war als der Wunsch nach dem Elternsein.

Alle Menschen machen, ob mit Kindern oder ohne Kinder, die Entwicklungsschritte im Leben, die sie sich vorgenommen haben. Wenn wir Kinder haben, machen wir diese Schritte hauptsächlich innerhalb unseres Elternseins. Wenn wir keine Kinder haben, machen wir genau die gleichen Schritte. Sie sehen einfach anders aus. Die Themen, die uns beschäftigen, tragen wir in der Beziehung aus. Manchmal erweitern wir unsere Prozesse auf die Nachbarn, die Freunde und die Arbeit. Eltern fechten diese Dinge dagegen stärker mit ihren Kindern aus. Anders gesagt: Als Menschen gehen wir unseren Weg und erreichen die Ebenen, die für uns wichtig sind – egal ob wir Kinder haben oder nicht.

Der Prozess, sich gegen Kinder zu entscheiden, war für manche Paare schmerzhaft. Gleichzeitig war es ihr Weg, auf dem sie am besten erkennen konnten, wer sie wirklich waren und was sie sich vom Leben in Wahrheit wünschten. Deshalb haben diese Paare nicht resigniert oder sich mit ihrem Schicksal abgefunden, weil sie keine Kinder bekommen haben. Vielmehr brachte ihr Prozess die Öffnung für das, was in ihren Augen wirklich wahr war: sich als Paar und nicht als Eltern den tiefen Ebenen der Erfüllung im Leben hinzugeben. Diese beinahe magische Ebene erfüllter Partnerschaft ist ein riesiges Geschenk.

# Kapitel 2

## Schwangerschaft: Zeit zum Glücklichsein

Schwanger zu sein ist die schönste Sache der Welt. Wenn wir uns die Schwangerschaft gewünscht haben, ist der positive Test eine riesengroße, weltbewegende Neuigkeit in unserem Leben. Sie lässt uns vor Glück fast platzen. Ohne einen konkreten Kinderwunsch schwanger zu werden kann dagegen eine Überraschung sein: „Oh Gott, ich bin schwanger!" Ob wir das ersehnte Wunschkind bekommen oder der Himmel uns mit einem unerwarteten Geschenk überrascht: Die Schwangerschaft ist eine Einladung, das Glücklichsein zu lernen. Denn Kinder kommen auf diese Welt, um geliebt zu werden. Deshalb gibt es während der Schwangerschaft nichts Wichtigeres als Liebe. Alle Energie, die wir in dieser Zeit in Liebe – und damit in unser Glück – investieren, vervielfacht sich. Wir sind jetzt nicht mehr allein, sondern zu zweit unterwegs. Daher ist die Schwangerschaft auch eine gute Zeit, um mit Dingen aufzuräumen, die uns im Leben im Weg stehen. In dieser Zeit wenden sich unser Geist und unser Körper auf natürliche Weise der Liebe und den guten Dingen im Leben zu.

Weil wir uns in der Schwangerschaft weiter als üblich für die Liebe öffnen, beginnt eine aufregende und gefühlsintensive Zeit. Sie ist magisch und wundervoll und gleichzeitig ziemlich aufwühlend.

*Als ich mit unserem ersten Sohn schwanger wurde, hatte ich bereits zwei Fehlgeburten erlebt. Deshalb waren die ersten Monate dieser dritten Schwangerschaft eine bange Zeit. Aber nachdem ich sicher sein konnte, dass das Baby bei mir bleiben würde, erfasste mich ein unglaubliches Hochgefühl. Ich jubelte wie nie in meinem Leben zuvor. Es fühlte sich großartig an. Zu zweit fühlte ich mich unschlagbar. Ich fühlte mich so groß wie die Welt und das Glück war an meiner Seite. Es kam mir vor, als ob alles möglich wäre. Meine Gefühle waren ungewohnt intensiv. Alles berührte mich viel stärker als sonst. So hoch meine positiven Gefühle sein konnten, so tief gingen die negativen Emotionen deshalb auch in den Keller. Manchmal weinte ich einfach so, scheinbar ohne Grund. Ich fühlte mich wie auf einer emotionalen Achterbahn. Wenn ich gefühlsmäßig im Keller war, kamen enorme Ängste in mir auf. Mein bodenständiger Mann war in dieser Zeit eine große Hilfe für mich. Mit seiner pragmatischen Sicht der Dinge beruhigte er mich und half mir, mich zu erden. Je stärker wir verbunden waren, desto glücklicher und unbeschwerter war ich. In den Monaten der Schwangerschaft erfuhr ich viel darüber, was mir Partnerschaft im Leben bedeutete und was es mir gab, verbunden zu sein. Ich lernte, wie ich mich noch stärker darauf einlassen konnte, mit meinem Mann und meinem Kind in Verbindung zu bleiben. Die Bande, die wir damals geknüpft haben, wurden zu einem Grundstock des Vertrauens, aus dem unsere Familie noch heute Frieden, Energie und Kreativität schöpft.*

Wenn wir uns Kinder wünschen, ist die Schwangerschaft wie ein Gipfel der Glücksgefühle in unserem Leben. Gleichzeitig drängen aber auch negative Emotionen viel intensiver als sonst an die Oberfläche. Denn nicht nur im Außen, auch im Inneren bringt kaum etwas mehr Veränderung in unser Leben als ein Kind. Was wir bisher gewohnt waren, hat schon angefangen, anders zu werden. Dass gemeinsam mit der Glücksnachricht deshalb auch Ängste und Zweifel in uns aufkommen, ist ganz normal. Was kommt da auf uns zu? Schaffen wir das? Wird alles gut gehen? Angesichts der großen Veränderungen ist es verständlich, dass wir verunsichert sind. Zum Glück haben wir Zeit, in unsere neue Aufgabe als Mutter und Vater hineinzuwachsen und uns selbst auf einer neuen Ebene zu finden. Bis zur Geburt vergehen etwa vierzig Wochen. Sie sind nicht nur für das Baby eine Zeit der Reife und des Wachstums. Auch wir Eltern können diese Phase nutzen, um uns als Individuen und als Paar auf einen neuen Lebensabschnitt vorzubereiten. In *Ein Kurs in Wundern* heißt es: „Der Zweck der Zeit ist, dir die Möglichkeit zu geben, zu lernen …“ (T-1.I.15:2).[1] Wir reifen mit dem heranwachsenden Kind. Mit dem Beginn der Schwangerschaft begeben wir uns also auf eine Reise, auf der wir unzählige ungeahnte Entdeckungen machen werden. Die wichtigste Erfahrung, die wir schon am Anfang der Schwangerschaft machen wollen, ist, die Kraft der Liebe und des Vertrauens zu entdecken. Wir erhalten die großartige Gelegenheit, uns darauf einzulassen, Liebe und Vertrauen auf einer ganz neuen Ebene in unser Leben zu integrieren.

## „Bonding" in der Schwangerschaft

Kinder kommen in unser Leben, um unser Herz aufzureißen. Sie vertrauen sich uns an und wachsen unter den Flügeln unserer Liebe heran, bis sie gelernt haben, ihre eigenen Flügel zu benutzen. Diese Beziehung zu unserem Kind, diese tiefe Liebe, beginnt nicht erst mit dem ersten Atemzug. Sie hat ihre tiefste Wurzel im allerersten Moment, in dem das neue Leben beginnt. Bereits jetzt spüren Babys die Liebe ihrer Eltern, vor allem die der Mutter: Aus biologischen Gründen ist der Embryo zunächst ganz auf seine Mutter ausgerichtet. Ihre Liebe gewährleistet Sicherheit und Geborgenheit in einer Phase, in welcher der Embryo noch Neuling auf dieser Erde ist. Diese enorm tiefe, instinktive und intuitive Liebesverbindung zwischen Mutter und Kind wird „Bonding“ genannt.

Der Begriff „Bonding“ kommt aus dem Englischen. Er bedeutet Verbindung. Gemeint ist damit die natürliche, innige Verbundenheit, die auf den tiefsten Ebenen der körperlichen und emotionalen Beziehung zwischen Mutter und Kind besteht. Meist werden Eltern erst bei der Geburtsvorbereitung oder nach der Geburt mit dem Thema Bonding vertraut gemacht. In der Regel geschieht das durch Hebammen oder Geburtskliniken. Aber Bonding ist ein Thema, das schon viel früher eine entscheidende Rolle im Leben eines Menschen

1 *Ein Kurs in Wundern*®. Freiburg im Breisgau: Greuthof, 2016 (12. Auflage).

spielt. Denn die Beziehung zwischen Mutter und Kind beginnt nicht erst mit der Geburt. Zu diesem Zeitpunkt ist sie bereits etwa vierzig Wochen alt. Und in diesen Wochen hat der neue, kleine Mensch bereits ein unendlich wichtiges Repertoire an emotionalen und sinnlichen Eindrücken gesammelt, die sein zukünftiges Leben beeinflussen werden. Die emotionale und psychische Entwicklung eines Menschen beginnt also schon im Mutterleib. Was in dieser Zeit passiert, speichern wir in den allertiefsten, unbewusstesten Ebenen unseres Geistes ab. Es sind im Idealfall Erfahrungen von natürlicher Geborgenheit und Sicherheit, die dazu führen, dass wir Urvertrauen entwickeln können: diese tiefe Zuversicht, durch die das Leben in seiner Essenz gut und glücklich wird. Der Zauberstoff, aus dem dieses Urvertrauen gemacht ist, heißt bedingungslose Liebe.

Liebe gehört zu den allerersten Erfahrungen, die wir im Leben machen. Die Liebe unserer Eltern ist das erste Geschenk, das wir bekommen. Je tiefer und unbefangener diese Liebe in den Monaten der Schwangerschaft in unserem jungen Geist wirken kann, desto leichter, glücklicher und erfolgreicher können wir auf das Leben blicken, das uns nach der Geburt erwartet. Wenn in einer Schwangerschaft bei den Eltern und insbesondere der Mutter aber Emotionen wie Angst, Stress oder emotionale Verletzung im Vordergrund stehen, bleibt weniger Raum für Liebe. Diese negativen Emotionszustände der Mutter hinterlassen ebenfalls einen „Abdruck“ in der emotionalen Erinnerung des Embryos. Sie sind wie eine tief unbewusste Leerstelle, an der es wenig Vertrauen gibt. Keine Mutter möchte, dass so etwas passiert. Vielen Müttern sind diese Zusammenhänge einfach nicht bewusst. Ein Mangel an Bonding kann sich im späteren Leben dadurch bemerkbar machen, dass wir ängstlich sind, uns und anderen nichts zutrauen, uns schlecht auf Veränderung einlassen können und allgemein eine eher negative und misstrauische Sichtweise auf das Leben einnehmen. Als Eltern wollen wir aber, dass unsere Kinder „gut rauskommen“ und als glückliche, erfüllte, erfolgreiche Beziehungsmenschen durchs Leben gehen. Wir wollen in der Regel sogar, dass es unseren Kindern besser geht als uns – auch wenn wir selbst schon recht glücklich sind.

Mit dieser Glücksvision für unsere Kinder können wir schon in der Schwangerschaft beginnen. Bonding ist eine fantastische Möglichkeit, mit der wir die Chance auf ein glückliches Leben unserer Kinder vom ersten Tag an enorm erhöhen können. Das Wertvollste am Bonding ist aber, dass es nicht nur unserem ungeborenen Kind guttut. Es ist auch eine Wohltat für uns selbst. Denn immer, wenn wir uns für Bonding entscheiden, blühen auch wir Mütter durch die Süße der Liebe auf. Wir werden ruhig, erden uns und scheinen innerlich zu leuchten. Bei manchen schwangeren Frauen kann man das Leuchten in ihren Augen sogar physisch sehen. Wenn wir so sehr lieben, fällt es uns viel leichter, unseren Problemen zu begegnen und sie aufzulösen. Angesichts des Vertrauens und der Kraft, die auch wir Mütter aus dem Bonding mit unserem Kind schöpfen, ist es einfacher, Emotionen wie Angst, Unsicherheit und Zweifel loszulassen. Die Verbindung zu unserem Kind wirkt sich also in beide Richtungen aus. Sie ist während der Schwangerschaft sowohl für die Mutter als auch für das Kind wichtiger als alles andere.

## Tägliche Bonding-Übung für Schwangere

Immer wenn du negative Emotionen spürst, Angst hast, dich verletzt fühlst oder in Stress gerätst, verbinde dich durch Bonding mit deinem Kind.

- Gehe jeden Tag mindestens eine halbe Stunde lang spazieren und halte dabei deine Hände auf deinen Bauch. Nimm Kontakt auf mit deinem Kind.
- Konzentriere dich nur auf deine Liebe für dein Kind. Alles andere ist jetzt unwichtig.
- Öffne die Liebe für dein Kind und fühle, wie sie durch deinen ganzen Körper hindurch in dein Baby fließt.
- Wenn du einen Streit mit deinem Partner hattest, rede mit deinem Ungeborenen und erkläre ihm, dass zwischen Mama und Papa alles wieder gut wird.
- Berühre deinen Bauch und sende deine liebevolle Energie durch deine Hände in dein ungeborenes Kind.

- Mache deine Liebe noch größer, tiefer und verbindlicher. Bleibe in diesem Gefühl, so lange du kannst.
- Mache diese Übung zu deiner täglichen Routine! Es lohnt sich.

## Mit Bonding wird der Alltag leichter

Bonding ist mein Herzensthema, denn ich habe selbst erlebt, wie sich Bonding im Leben meiner Kinder positiv ausgewirkt hat. Es ist nicht so, dass Bonding alle Probleme löst und es deshalb keine Schwierigkeiten mehr gibt. Aber es erleichtert den Alltag mit Kindern enorm. Besonders viel wusste ich über Bonding erst, als ich mit meinem zweiten Sohn schwanger war. Es gibt noch andere Gründe, warum meine beiden Söhne unterschiedlich sind. Aber dass mein jüngerer Sohn es im Leben viel leichter hat, liegt auch daran, dass er schon in der Schwangerschaft mehr Bonding erfahren hat als sein Bruder.

*Mein Sohn Oliver war vom ersten Moment nach der Geburt zufrieden wie ein kleiner Buddha. Er weinte fast nie und war entspannt, auch wenn ich ihn ablegte. Eines Tages klopfte unsere Nachbarin bei mir. Sie fragte zögerlich, ob mit dem Kind alles in Ordnung sei. Er wäre so still, sie höre ihn nie schreien. Mir fiel das erst so richtig auf, als ich darauf angesprochen wurde. Es fühlte sich für mich einfach natürlich an, dass ich wusste, was das Baby brauchte, noch bevor es weinte. Durch die vielen Bonding-Übungen, die ich mit ihm zusammen gemacht hatte, hatten wir einen „guten Draht" zueinander entwickelt. Ich vertraute meiner Intuition und fühlte mich sicher darin, dass ich wusste, was zu tun war. Ich war ruhig und nahm die Dinge gelassen. Deshalb war auch mein Kind zufrieden und hatte selten Grund zu weinen.*

Mein Beispiel zeigt, wie Bonding in der Schwangerschaft eine Art von Vertrauensfundament für die Mutter-Kind-Beziehung bildet. Im Baby selbst bewirkt es das Urvertrauen, das einen Menschen durch sein ganzes Leben begleitet. Mit meinem zweiten Sohn konnte ich sehr deutlich erleben, dass Bonding bei ihm zu Selbstvertrauen führte. Er hatte keine Angst, auch dann nicht, wenn er eine Weile allein war. Für sehr viele Babys ist es ein Problem, wenn die Mutter weggeht. Sobald sie Mama nicht mehr sehen oder spüren können, geraten sie in Panik. Bonding bedeutet, dass wir energetisch in Verbindung bleiben – auch dann, wenn wir keinen physischen Kontakt mehr zueinander haben. Wenn wir als Mütter unsere Aufmerksamkeit einer anderen Sache zuwenden, zum Beispiel telefonieren, lässt uns Bonding trotzdem die Verbindung halten.

*Jedes Mal, wenn ich aus dem Zimmer ging oder Oliver für einen Moment im Auto allein ließ, sagte ich ihm: „Ich komme gleich wieder." Er konnte zwar meine Sprache noch nicht verstehen, aber er spürte unsere Verbindung, die durch die Worte erneuert und bestätigt wurde. Das reichte ihm. Er weinte nicht, sondern wartete friedlich, bis ich zurückkam. Das Vertrauen zwischen uns beiden war durch das Bonding in der Schwangerschaft groß genug, um physische Distanz für eine Zeit zu überbrücken.*

## Urvertrauen gibt Rückenwind im Leben

Bonding schafft also vor allem Vertrauen, zum Beispiel darauf, dass Mama wiederkommt, wenn sie weggeht. Dieser Grundstock an Sicherheitsgefühlen zieht sich wie ein roter Faden durch den zukünftigen Lebensweg unserer Kinder. Viele Dinge werden wir im späteren Leben noch lernen und an unserer Einstellung dem Leben gegenüber können wir auch immer arbeiten. Wie leicht es uns aber fällt, Erfolg und Glück zu haben, hängt zum Teil auch davon ab, wie viel Urvertrauen wir mit ins Leben bringen. Denn es hat einen direkten Einfluss darauf, wie stark das emotionale Fundament ist, auf dem wir stehen. Für Kinder ist das Leben leichter, wenn sie Vertrauen *zu* ihren Eltern und *das* Vertrauen ihrer Eltern im Rücken haben. Die Gewissheit der Verbundenheit, die durch die positiven Emotionen des Bondings in der Schwangerschaft tief in ihnen verankert ist, gibt ihnen sozusagen Rückenwind fürs Leben.

Alles weiterzugeben, was ich über Bonding weiß, ist mir deshalb so wichtig, weil es das Leben ganz allgemein schöner, leichter und erfüllter macht. Nicht nur für unsere Kinder, sondern auch für uns selbst. Mit Bonding lenken wir unsere ganze Familie auf einen besseren Weg, in einen leichteren, vertrauensvolleren Alltag. Natürlich endet das Bonding nicht mit der Geburt. Es ist ein Konzept, das Eltern und Kinder ein Leben lang bestärken kann. Wenn wir unser gegenseitiges Vertrauen pflegen, trägt es uns durch alle Wellen des Alltags. Denn je größer die Verbundenheit zwischen uns und unseren Kindern ist, umso leichter fällt es uns auch, schwierige Zeiten durchzustehen. Anspruchsvolle Phasen gibt es in der Entwicklung der Kinder genügend. Zum Beispiel die Trotzphase, der Alltag in der Kita, der Eintritt in Kindergarten oder Schule und nicht zuletzt die Pubertät. Mit Bonding im Rücken fällt es Kindern leichter, auf eigenen Füßen zu stehen, weil sie Vertrauen in sich selbst und in ihre Eltern haben. Davon profitieren nicht nur die Kinder. Mit Vertrauen im Rucksack sind auch für uns Eltern schwierige Phasen nur halb so schlimm.

## Ein „pflegeleichtes" Kind

*Rahel habe ich die ganze Schwangerschaft hindurch intensiv begleitet. Ich habe ihr alles erzählt, was ich über Bonding weiß. Auch aus dem Seitai (die japanische Energiearbeit von Meister Haruchiko Noguchi, 1911-1976) habe ich Rahel Übungen gezeigt. Sie halfen ihr, in dieser wichtigen Phase im emotionalen und körperlichen Gleichgewicht zu bleiben. Die Schwangerschaft verlief vollkommen problemlos, obwohl es eine Risikoschwangerschaft war. Aber die Geburt des Kindes wurde schwierig und endete in einem Kaiserschnitt. Während Rahel einige Zeit damit zu kämpfen hatte, war ihre Tochter Sarah vom ersten Moment an ein zufriedenes, ausgeglichenes Baby. Sie weinte sehr wenig und erwies sich als äußerst pflegeleicht. Auch das Stillen klappte prima. Grundsätzlich macht Sarah bis heute kaum Schwierigkeiten. Sie ist ein selbstständiges, unbeschwertes Kind. In ihrer Entwicklung ist sie gleichaltrigen Kindern in vielen Bereichen voraus. Die Trotzphase verlief sehr mild, obwohl Sarah ein ausgeprägtes Temperament hat. Menschen gegenüber ist sie neugierig und aufgeschlossen. Auf neue Situationen reagiert sie flexibel und zuversichtlich. Sarah traut sich allgemein viel zu und hat wenig Angst. Entsprechend leicht fielen ihr die Eingewöhnung in der Kita und der Einstieg in den Kindergarten.*

*Der „intuitive Draht" zwischen Mutter und Tochter, der sich während der Schwangerschaft gebildet hat, funktioniert auch nach vier Jahren noch sehr gut. Auch die Bindung zum Vater und die Beziehung der Eltern untereinander sind sehr eng. Gegenseitiges Vertrauen ist ein wichtiger Punkt bei allem, was geschieht.*

*Aber das war nicht immer so. Rahel wuchs in einer Familie auf, in der es nur sehr wenig Verbindung gab. Den Großteil ihres Lebens verbrachte sie deshalb weit weg von der Familie. Erst als ihr Wunsch groß wurde, eine eigene Familie zu gründen, begann sie, an ihrer Geschichte zu arbeiten. Die „schwierige Arbeit" hat sich für Rahel gelohnt. Wenn sie heute auf ihr Leben zurückblickt, ist sie so glücklich wie nie zuvor. Durch Bonding wuchs ihre kleine Familie sehr eng zusammen. Das kann Rahel nicht nur in ihrem lebensfrohen Kind erkennen, sondern auch in der engen Beziehung zu ihrem erfolgreichen Mann.*

## Unseren Eltern vergeben

Die meisten Menschen, mit denen ich arbeite, sind in Familien aufgewachsen, in denen die Vertrauensbasis und die Verbundenheit des Bondings fehlten. Deshalb sind unsere Eltern aber nicht „schuld" daran, wenn die Dinge in unserem Leben nicht gut laufen. Wie ich bereits gesagt habe, ist Bonding ein recht neues Konzept und viele Eltern wissen fast nichts darüber. Deshalb konnten es die früheren Elterngenerationen auch nicht ohne Weiteres umsetzen. Wir können dennoch sicher sein, dass unsere Eltern ihr Bestes gegeben haben – so wie wir es auch tun. Wenn wir darunter leiden, dass es in unserer Kindheit wenig Bonding gab, können wir unseren Eltern vergeben. Wir können selbst – heute für damals – energetisch einbringen, was uns als Kind gefehlt hat. So können wir auch rückwirkend Bonding in unsere eigene Familie bringen, wenn unsere Kinder bereits größer sind. Denn jeder Fehler, den wir in unserem Leben erkennen, kann im Nachhinein durch uns selbst behoben werden. Wie das geht, erfährst du in den Kapiteln „Familiendynamik erkennen und auflösen“ und „Probleme sind nicht in Stein gemeißelt“. Darin erkläre ich, wie wir negative Emotionen auflösen, das Vergeben lernen und Verbindung zueinander wiederherstellen können. Egal was in der Vergangenheit passiert ist und aus welchem Grund wir als Familie auseinandergegangen sind: Es ist nie zu spät, uns wieder miteinander zu verbinden. Denn nur wenn wir durch Liebe und Wertschätzung verbunden sind mit den Menschen, die uns wichtig sind, blüht auch unser eigenes Leben auf.

## Angst zieht Katastrophen an

Wie ich bereits erwähnt habe, ist die Schwangerschaft eine besonders gute Gelegenheit, um negative Emotionen und Erinnerungen anzugehen, die uns belasten. Denn in der Schwangerschaft kommen ohnehin sehr viele Themen ans Licht, weil wir durch die Hormone emotionaler werden. Oft kommen zusätzlich zu alten, schmerzhaften Erinnerungen in dieser Zeit auch Ängste in uns auf. Wir machen uns Sorgen um die Gesundheit des Babys, haben Angst vor genetischen Fehlern oder einer Fehlgeburt. Aus den verschiedensten Gründen bangen wir, ob alles gut gehen und das Baby gesund zur Welt kommen wird. Dabei haben wir in der Regel Angst vor Dingen, die noch gar nicht eingetreten sind. Unser Geist wandert in die Zukunft und denkt über Dinge nach, die wir uns als Katastrophe vorstellen. Wenn wir solche Schreckensszenarien manifestieren, lassen wir sie immer wieder in unserem Geist lebendig werden. Dadurch steigt auch unsere Angst. Sie ist wie ein Magnet. Angst zieht genau die Dinge an, vor denen wir uns fürchten. Deshalb ist es sehr wichtig, darauf zu achten, wohin unser Geist und unsere Gedanken gehen.

Vor allem in den ersten Wochen haben viele Frauen Angst davor, ihr Baby zu verlieren. Diese Angst kenne ich aus meiner eigenen Geschichte sehr gut. Wenn du Angst vor einer Fehlgeburt hast, führe dir vor Augen, dass dein Kind nicht zufällig zu dir gekommen ist. Eine Seele hat dich ausgewählt. Die Schwangerschaft ist wie ein Geschenk. Sie ist eine Form des Empfangens. Aber Empfangen ist nicht etwas, das wir kontrollieren können. Kinder sind kein Eigentum. Die Entscheidung, wie lange sie bei uns bleiben wollen, liegt nicht bei uns, sondern bei ihnen.

Die negative Stimme in uns, die ich das Ego nenne, macht uns aber weis, dass wir Angst vor Verlust haben sollten. Daher versuchen wir, die Schwangerschaft und unser noch ungeborenes Kind unter Kontrolle zu bekommen. Wenn wir unser Kind kontrollieren wollen, gerät aber das Bonding ins Stocken. Wir geben keine Liebe. Das Gegenteil ist der Fall. Wir wollen von unserem Baby etwas bekommen: die Gewissheit, dass es bleiben wird. Wir versuchen also, durch unser Baby ein Bedürfnis erfüllt zu bekommen. Diese Dynamik führt aber nie zum Glück. Sie hält uns vielmehr in Angst, Bedürftigkeit und Mangel gefangen. Deshalb geht es in der Schwangerschaft darum, das Empfangen zu lernen. Das tun wir, indem wir unsere Bereitschaft erhöhen, Liebe bedingungslos zu geben. Diese Dynamik des Gebens und Empfangens wird im Kapitel „Berufstätig sein oder zu Hause bleiben?“ genauer erläutert.

**Liebe macht keine Gefangenen.**

Kinder sind grundsätzlich nicht dazu da, unsere Bedürfnisse zu erfüllen. Sie sind gekommen, um von uns geliebt zu werden. Deshalb wollen wir unsere Kinder auch nicht durch Kontrolle zu „Gefangenen“ machen. Denn Kontrolle ist eine Form des „Besitzenwollens“ und keine Liebe. Ein Baby ist ein Stück unseres Weges. Wenn es geboren wird, begleitet es uns vielleicht unser Leben lang. Ob wir es verlieren, können wir heute nicht sagen. Aber wir können jeden Augenblick genießen, in dem es bei uns ist. Wenn wir Liebe geben, genießen wir. Dann sind wir wunschlos glücklich und können auch das empfangen, was wir haben wollen.

- Um an den inneren Ort zurückzukehren, an dem deine Liebe wieder frei und bedingungslos fließt, eignet sich die oben beschriebene Bonding-Übung. Am Ende dieses Kapitels findest du weitere Übungen, durch die du zurück ins Vertrauen finden und Liebe wieder spüren kannst.

## Was du fühlst, fühlt dein Kind

Angst kommt und geht. Wie jede Emotion taucht sie auf und verschwindet wieder, wenn wir sie loslassen. Meistens neigen wir jedoch dazu, Angst wegzudrücken, und üben Kontrolle aus, um nicht mit der Angst unterzugehen. Aber durch dieses Muster werden wir die Angst nicht los. Wir verschieben sie lediglich in tiefere, unbewusste Schichten unseres Geistes. Dort gärt unsere Angst weiter und macht uns neue Schwierigkeiten. Deshalb ist es sinnvoller, unsere Angst nicht zu leugnen oder zu verdrängen, sondern uns ihr zu stellen.

In ihrer Essenz ist Angst nichts anderes als Trennung. Wo Trennung ist, versiegt der Fluss der Liebe, und der Mangel an Liebe macht uns Angst. Wenn wir dieses Prinzip erkennen, brauchen wir Angst nicht länger zu verurteilen. Wo Angst dominiert, erhalten wir eine Erinnerung daran, zur Liebe zurückzukehren. Liebe öffnet Vertrauen und Vertrauen lässt unsere Angst schmelzen. Angst können wir also heilen, indem wir sie wieder mit der Liebe zusammenbringen (etwa durch eine Bonding-Übung). Auf diese Weise können wir die Energie, die wir in Angst investiert haben, wieder für positive Dinge nutzen, zum Beispiel dafür, unsere Schwangerschaft zu genießen.

Die Angst aufzulösen ist in der Schwangerschaft deshalb so wichtig, weil sich unsere Angst auch auf das Baby überträgt. Ungeborene Kinder sind wie ein Schwamm, der die Emotionen der Mutter aufsaugt. Dieser Emotionsschwamm soll sich aber nicht mit Angst, sondern mit möglichst vielen positiven Gefühlen wie Vertrauen und Geborgenheit füllen. Deshalb geht es in der Schwangerschaft ganz besonders darum, uns immer und immer wieder für Bonding und für die Liebe zu entscheiden. Das tun wir zum Beispiel ganz automatisch, wenn wir uns energetisch mit unserem Baby oder unserem

Partner verbinden: also an sie denken, ihnen „segensreiche" Gedanken schicken, sie wertschätzen oder dankbar sind, dass wir sie haben. Dadurch beruhigen wir uns und unser Kind. Dieser Gedanke ist mir sehr wichtig, denn in der Schwangerschaft bist du nicht mehr allein. Alles, was emotional in dir passiert, geschieht auch mit deinem Kind.

## Streit in der Beziehung

Eltern werden bedeutet nicht nur, dass unser eigenes Leben kopfsteht. Auch unsere Beziehung erlebt eine Zeitenwende. Fragen, die unseren Berufsalltag und unsere Freizeit betreffen, werden plötzlich zu einer gemeinsamen Sache. Woher bekommen wir Unterstützung in den ersten Wochen nach der Geburt? Wer übernimmt die Kinderbetreuung, wenn wir wieder arbeiten gehen? Reicht unser Einkommen aus? Wer übernimmt welche Aufgaben im Haushalt? Werden wir es weiterhin schaffen, uns Zeit für unsere Beziehung zu nehmen? Fragen wie diese stellten sich Sabine und Andreas, die in einem Coaching meine Hilfe suchten.

*Sabine und Andreas sind überglücklich über ihre erste Schwangerschaft. Trotz aller Freude mischen sich aber auch Angst und Zweifel in ihre frohen Gedanken. Wie werden sie es schaffen, das Baby ohne die Hilfe der Großeltern aufzuziehen, die mehrere Autostunden entfernt im Ausland wohnen? Kann Andreas nach der Geburt sein Pensum im Job reduzieren? Wird das Geld, das er dann verdient, trotzdem reichen? Wann muss Sabine wieder arbeiten gehen? Wollen sie ihr Kind in eine Kita geben oder zu einer Tagesmutter? Was wird das kosten? Sabine möchte eine Haushaltshilfe anstellen, aber Andreas ist dagegen, weil er die Fixkosten niedrig halten möchte. Immer wieder gibt es Streit, vor allem beim Thema Geld.*

*Sabine und Andreas haben sich ein Kind gewünscht und sind glücklich. Dennoch streiten sie sehr oft. Ihr Streit um Geld und andere Themen ist vor allem ein Ausdruck ihrer Angst vor Veränderung. Denn die neue Situation der Schwangerschaft bringt viel Unbekanntes mit sich. Die beiden sind dabei, ihr gewohntes Leben zu verlassen. Des-*

*halb haben sie das Gefühl, nicht mehr alles unter Kontrolle zu haben. Das macht ihnen Angst. Zum ersten Mal Eltern werden ist deshalb auch ein großes Thema für ihre Beziehung. Das gemeinsame Kind öffnet eine neue Ebene der Verbindlichkeit, vor der sich viele Eltern fürchten. Eltern werden heißt für Sabine und Andreas nicht zuletzt, mehr Verantwortung zu übernehmen.*

Häufig empfinden wir Eltern die Veränderung, Verbindlichkeit und Verantwortung, die mit einer Schwangerschaft einhergehen, nicht nur als Glück, sondern auch als Bürde. In dieser Situation fühlen wir uns oft in die Pflicht genommen, unseren Beitrag zur Familie zu leisten. Das setzt uns unter Druck. Wir machen uns Sorgen, ob wir es schaffen. Können wir unserer Verantwortung für das Kind und für unsere neue Familie gerecht werden? Solche Ängste lösen sich auf, wenn wir bereit sind, uns auch auf der Ebene der Beziehung emotional noch mehr aufeinander einzulassen und uns als Paar noch stärker zu verbinden. Auch in der Beziehung geben uns Verbundenheit und Liebe das Gefühl der Sicherheit. So können wir die Kontrolle abgeben, die uns klein macht und in noch mehr Angst gefangen hält.

Wenn wir der Veränderung zu zweit entgegenblicken, ist alles nur halb so schlimm. Wir sind ein Team und gehen diesen neuen Schritt gemeinsam.

Wie ihr euch als Paar wieder verbinden könnt, zeigt eine Übung am Ende des Kapitels.

## Wenn Eltern streiten, fühlen sich ungeborene Kinder abgelehnt

In der Schwangerschaft ist es nicht nur für die Eltern enorm wichtig, als Paar füreinander da zu sein. Die Qualität der Paarbeziehung hat auch direkte positive oder negative Auswirkungen auf das ungeborene Kind. Streit zwischen den Eltern bedeutet, dass das Kind leidet. Das gilt nicht nur für die Zeit der Schwangerschaft, sondern auch nach der Geburt. Weil die Emotionen, die das Baby während der Schwangerschaft abspeichert, aber nicht nur seine eigenen sind, sondern auch die der Mutter beinhalten, ist Streit im Mutterleib eine doppelte Belastung. Wenn Eltern streiten, spüren Kinder die emotionale Trennung, die zwischen ihnen steht. Dieses Vakuum ist für alle Kinder sehr schmerzhaft. In der Schwangerschaft ist ein Mangel an Liebe deshalb besonders schwerwiegend, weil die Psyche der Kinder dieses Vakuum missversteht: Sie zieht daraus den Schluss, selbst nicht geliebt zu werden und nicht willkommen zu sein. Diese Wahrnehmung geschieht natürlich völlig unbewusst. In den vielen Coachings und Seminaren, die ich in den letzten dreißig Jahren erlebt habe, ist mir diese Geschichte unzählige Male begegnet. Deshalb ist es mir besonders wichtig, darauf hinzuweisen: In der Schwangerschaft ist jeder Streit zwischen den Eltern eine Katastrophe für das Kind. Wir müssen Streit deshalb unbedingt vermeiden. Wie das geht, lernst du im Kapitel „Wenn Eltern streiten".

Gerade in der Schwangerschaft ist eine gute Paarbeziehung also enorm wichtig. Sie wirkt Stress entgegen und trägt dazu bei, dass die Schwangerschaft entspannt und konfliktfrei verläuft. Das wiederum hat Auswirkungen darauf, wie entspannt, vertrauend und entsprechend „pflegeleicht" das neugeborene Baby sein wird. Wenn es jedoch während der Schwangerschaft viel Stress und Streit gibt, kommt die emotionale Balance des Kindes immer wieder aus dem Gleichgewicht. Darum macht es oft seinen Eltern nach der Geburt das Leben schwer. Während der Schwangerschaft lohnt sich also jede Investition in sich selbst, in die Mutter-Kind-Beziehung und in die Partnerschaft in mehrfacher Hinsicht: Sie macht nicht nur die Zeit vor der Geburt leichter, sondern auch die Monate danach.

## Streit hat mit Bedürfnissen zu tun

Wenn Konflikte in einer Beziehung auftauchen, geht es grundsätzlich immer um Bedürfnisse wie beispielsweise das Bedürfnis nach Sicherheit, gehört zu werden, ernst genommen zu werden, sich geliebt zu fühlen. Der Streit entbrennt prinzipiell aus dem Kampf heraus, wer wem zuerst dieses Bedürfnis erfüllt. Bedürfnisse haben wiederum mit Emotionen zu tun, etwa mit Angst. Deshalb hilft es sehr, wenn wir als Paar über unsere Gefühle sprechen und uns gegenseitig ernst nehmen. Wenn wir die Ängste des anderen kennen, können wir uns gegenseitig besser unterstützen. Denn wir fühlen immer beide das Gleiche. Allerdings nehmen wir meistens diese Seite unserer Angst nicht bewusst wahr. Darum sind wir einerseits Spiegel füreinander, wenn wir miteinander sprechen, andererseits auch eine Stütze und die „Stimme des Himmels". Diese Stimme erinnert uns wieder daran, was wir wirklich wollen: Angst loslassen, Streit vermeiden, vertrauen und lieben. Während der Schwangerschaft geht es also ganz besonders darum, dass wir uns als Paar gegenseitig dabei helfen, Streit zu vermeiden, schneller wieder ins Vertrauen zu finden und Wertschätzung oder andere positive Gefühle füreinander zu öffnen. Wenn wir Angst haben, hilft manchmal allein ein klarer Blick auf die Tatsachen, denn Angst lässt vieles schlimmer aussehen, als es in Wahrheit ist. Ein aus dem Herzen gesprochenes „Wir schaffen das!" gibt Sicherheit und Vertrauen. Verständnis für die Ängste und Emotionen unseres Partners aufzubringen bedeutet in dieser Zeit also vor allem, Verbindung auf einer neuen Ebene zu schaffen. Wenn wir uns verbunden fühlen, sind wir als Paar unschlagbar.

Ein Coaching oder ähnliche Angebote können in dieser Zeit sehr viel bewirken. Wenn große Veränderungen anstehen, schlagen die Wogen oft hoch. Gleichzeitig ist auch viel Bereitschaft da, Dinge zu verändern. Wenn Paare während der Schwangerschaft gemeinsam – oder jeder für sich – Schritte unternehmen, sind sie meist viel größer und tiefgreifender als sonst. Wenn wir dazu bereit sind, fällt es uns in dieser Phase meist leicht, uns als Paar auf einer ganz neuen Ebene zu verbinden und uns gemeinsam durch das tragen zu lassen, was vor uns liegt.

## Schwangerschaft – ein Geschenk der Freude

Die Schwangerschaft ist eine ganz besondere Zeit der Verbundenheit, die wir in jedem Augenblick genießen sollten. In der Schwangerschaft geht es darum, uns gegenseitig immer und immer wieder liebevoll an dieses Ziel zu erinnern. Ungeborene Kinder sind dem

Himmel noch sehr nahe. Ihr Licht kann in unserem Körper leuchten wie ein heller Stern. Viele Frauen können den besonderen Zustand der Schwangerschaft so sehr genießen, weil sie spüren, wie dieses helle Licht in ihnen leuchtet. Ein Baby verkörpert die wahre Essenz der Liebe, die auch in der Liebe des Himmels oder des Göttlichen mitschwingt. Diese Liebe ist grenzen- und bedingungslos. Sie weckt in uns Erinnerungen daran, wie auch wir selbst in Wahrheit sind und wie sehr wir lieben können. Die körperliche und seelische Verbindung zwischen Mutter und Baby ist deshalb außergewöhnlich süß, voller natürlicher Hingabe und von einer Art himmlischer Seligkeit. Sie macht die Schwangerschaft zu einem wunderbaren, einzigartigen Privileg: zu einem Geschenk purer Freude. Dies zu empfangen und mit dem Partner zu teilen heißt, einfach nur glücklich zu sein. Genau darum geht es während der Schwangerschaft. Sie ist die Zeit des Bondings, des Vertrauens, der Liebe und des gemeinsamen Glücks.

## Zwei Übungen: Die Liebe fließen lassen

Neben der Bonding-Übung, die ich oben beschrieben habe, zeige ich dir hier zwei einfache Möglichkeiten, wie du negative Emotionen transformieren und deine Liebe wieder frei fließen lassen kannst. Außerdem findest du im Kapitel „Kinderwunsch und andere Träume vom Glück“ eine weitere Übung, wie du Angst aus dir „herausschütteln“ kannst.

### Übung 1: Liebe durch die Hände ins Herz bringen

- Halte deine Hände wie offene Schalen vor deinen Körper.
- Fülle eine Hand mit der Essenz deiner Angst. Wie fühlt sich das an? Ist deine Hand schwer oder leicht, kalt oder warm, hell oder dunkel?
- Fülle die andere Hand mit einer positiven Energie wie Vertrauen, Liebe, Sicherheit, göttliche Führung. Wie fühlt sich diese Hand an?

- Führe beide Hände zusammen. Falte die Finger ineinander. Ihre Energien verschmelzen miteinander. Sie werden zu einem heilenden Lichtstrahl, der alle Negativität aufhebt. Deine Hände empfangen an ihrer Stelle die heilende, positive Energie der Liebe.
- Lasse diese heilende Energie nun in dein Herz fließen. Lege beide Hände über deinem Herzen flach übereinander.
- Fülle dein Herz mit noch mehr Liebe, bis du dich ganz in Frieden fühlst.

## Übung 2: Angst der göttliche Liebe überlassen

- Bitte den Himmel um Hilfe. Rufe zum Beispiel Maria an, den Erzengel Gabriel, Kuan Yin oder Buddha.
- Bitte sie, Liebe in deine Angst (oder in eine andere negative Emotion) fließen zu lassen. Ihre Liebe ist wie ein Lichtkanal, der deinen Körper dort durchströmt, wo du die Angst spürst.
- Sei bereit, deine Angst an den Lichtstrahl abzugeben. Wenn weitere Schichten der Angst auftauchen, entscheide dich erneut, sie dem göttlichen Licht zu übergeben.
- Das himmlische Licht strömt ohne Unterlass in dich hinein. Erlaube ihm, deine Angst wegzuspülen.
- Lasse dich so lange reinwaschen, bis du selbst ein Teil des Lichtkanals geworden bist.

# Kapitel 3

## Berufstätig sein oder zu Hause bleiben?

In meinen Coachings und Seminaren treffe ich immer wieder Frauen, die vor dem Dilemma stehen, ob sie zu Hause bei den Kindern bleiben oder wieder arbeiten gehen sollen, möchten oder können. Als Mutter Karriere zu machen, Hausfrau zu werden oder beides unter einen Hut zu bringen ist eine Herausforderung. Viele Frauen wollen ihren Beruf nicht aufgeben, aber es ist ihnen wichtig, dass die Kinder trotzdem gut aufgehoben sind und nicht zu oft fremdbetreut werden. Manchmal ist es möglich, das Pensum zu reduzieren, um den Spagat zwischen Job und Kind stressfrei hinzubekommen. Aber nicht jeder Arbeitgeber bietet familienfreundliche Lösungen an. Oft ist Mutterschaft mit einem Wechsel in eine andere Abteilung oder einem beruflichen „Abstieg" verbunden. Manche Frauen denken, dass es in ihrer Firma nicht gut ankommen würde, wenn sie nach der Geburt nicht bald wieder in den Beruf einsteigen, und fürchten, dass sie deshalb ihre Stelle verlieren könnten. Auch finanzieller Druck kann unsere Entscheidung beeinflussen und verhindern, dass wir uns die Auszeit nehmen, die eigentlich gut für uns wäre. Für andere Frauen ist der Wiedereinstieg in den Berufsalltag dagegen ein großer Wunsch. Sie können es kaum erwarten, an ihren Arbeitsplatz zurückzukehren. Aber auch dann ist die Situation oft nicht einfach. Als Mutter werden sie trotzdem zu Hause gebraucht und müssen sich zwischen den verschiedenen Bereichen ihres Alltags aufteilen. Es ist verständlich, dass sich viele Frauen in dieser Phase unter Druck gesetzt fühlen und erschöpft oder frustriert sind.

Die Herausforderung, Kinder und Job unter einen Hut zu bringen, hat zum einen mit äußeren Faktoren wie Arbeitsverträgen, Betreuungsmöglichkeiten, Zeit und Geld zu tun. Das ist aber nicht alles. Mindestens genauso wichtig sind die inneren Konflikte, die wir mit uns selbst oder in der Beziehung austragen. Manche Mütter wollen zwar wieder arbeiten, fühlen sich körperlich und emotional aber noch nicht fit für den Berufsalltag. Sie hadern dann vielleicht damit, ob sie es sich gönnen dürfen, zu Hause zu bleiben und nichts zu verdienen, während ihr Partner die finanzielle Verantwortung für die Familie allein trägt. Genauso schwierig kann es umgekehrt sein, wenn Mütter vom Partner finanziell abhängig werden, weil sie als Hausfrau kein Einkommen mehr haben. Aus diesem Grund ist es für manche Frauen schlichtweg unvorstellbar, „nur" Mutter und Hausfrau zu sein.

In diesem Kapitel geht es weniger um praktische Tipps, wie sich Familie und Beruf vereinbaren lassen. Ich spreche vielmehr über die inneren Themen, die in dieser Phase an unsere emotionale Oberfläche kommen. Es geht vor allem um Urteile, die Dynamik der Abhängigkeit und Unabhängigkeit, Bedürfnisse und Aufopferung sowie das Prinzip des Gebens und Empfangens. Diese Dynamiken und Prozesse sind uns meist nicht bewusst, aber sie haben einen großen Anteil daran, wie und in welcher Form wir Familie und Beruf in unserem Leben gewichten.

*Als mein Sohn ein Jahr alt war, wurde mein Wunsch sehr groß, wieder ins Berufsleben einzusteigen. Ich hatte vor seiner Geburt als hochspezialisierte Anästhesie-Krankenschwester im OP gearbeitet. Durch meine gute Ausbildung und die vielen Weiterbildungen bekam ich einen guten Lohn. Ich kannte mich in meinem Aufgabengebiet sehr gut aus und machte meine Arbeit gerne. Mein Job gab mir das Gefühl, eine unabhängige und moderne Frau zu sein, die einen wertvollen Beitrag für die Gesellschaft leistete. Mich plötzlich „nur" noch um Kind und Haushalt kümmern zu müssen war für mich schwierig. Ich fragte mich, was ich eigentlich zu Hause machte? Den ganzen Tag erfüllte ich die Bedürfnisse meines Kindes. Ich fühlte mich darauf reduziert, Köchin, Putzfrau und Babysitterin zu sein. Ich war unzufrieden und ärgerte mich immer öfter über Kleinigkeiten wie die Socken meines Mannes, die schon wieder auf dem Sofa liegen geblieben waren. War das etwa mein ganzes Leben? Je länger ich Hausfrau war, desto unzufriedener wurde ich. Ich wollte „kündigen“.*

*Mein Mann war damals Assistenzarzt an der Uniklinik. Er arbeitete oft mehr als sechzig Stunden pro Woche. Abends kam er spät und völlig erledigt nach Hause. An den Wochenenden brauchte er Zeit, um sich zu regenerieren. Ich hatte mir vorgestellt, dass wir uns gemeinsam um unser Kind und den Haushalt kümmern würden. Weil er aber fast nie da war, fühlte ich mich im Stich gelassen und sehr allein. Es gab oft Streit. Irgendwann fand ich, dass es so nicht weitergehen konnte.*

*Also suchte ich das Gespräch mit meinem Mann. Ich fragte ihn, ob er sich vorstellen könne, ein Jahr lang zu Hause zu bleiben, während ich wieder arbeiten ging. Mit meiner hochspezialisierten Ausbildung würde ich genauso viel verdienen wie er und der Rollentausch würde uns vielleicht guttun. Doch mein Mann war von dieser Idee nicht begeistert. Er sagte mir, dass es sein großer Herzenswunsch sei, Kinderarzt zu werden. Um die Facharztausbildung abzuschließen, brauchte er noch mindestens drei Jahre. Das bedeutete für mich, dass sich auf absehbare Zeit nichts ändern würde – auch, weil wir uns noch ein zweites Kind wünschten. Solange mein Mann sich auf seine Karriere konzentrierte, musste ich mich allein um den Haushalt und die Kinder kümmern. Ich war wütend und fühlte mich hilflos.*

*Gleichzeitig nahm ich wahr, dass mein Mann glühte, als er von seinem Wunsch erzählte, Kinderarzt zu werden. Zu sehen, wie sehr seine Augen zu leuchten begannen, berührte mein Herz. Ich erkannte, wie viel ihm dieser Wunsch bedeutete. Kinderarzt zu werden war sein Lebenstraum. Auch für mich fühlte sich sein Traum einfach wahr und richtig an. Ich wollte, dass er in Erfüllung geht.*

*Deshalb entschied ich mich dafür, die Verantwortung für den Haushalt und die Kinder zu übernehmen, so lange es nötig war. Ich empfand es als ein Geschenk, ein Teil dieses Lebenstraums zu werden, indem ich ihn unterstützte. Ich vertraute meinem Mann. Ich wusste, dass er bei seinen Entschlüssen nicht nur sich, sondern die ganze Familie im Blick hatte. Mit meinem Herzen konnte ich spüren, dass dieser Schritt für uns alle gut sein würde. Dadurch veränderte sich für mich alles. Zu Hause den Laden zu schmeißen hatte plötzlich einen anderen Sinn. Es machte mir viel mehr Spaß.*

## Nichts ist mehr wie früher

Ähnlich wie mir damals geht es vielen Müttern. Wenn wir unser erstes Kind bekommen, beginnt ein ganz neuer Abschnitt in unserem Leben. Auf einen Schlag ist alles anders. Wenn das Baby da ist, bestimmen seine Bedürfnisse unseren Tagesablauf. Von morgens bis abends dreht sich alles um unser Kind. Am Anfang gehen wir noch staunend, voller Inbrunst und mit Enthusiasmus auf unser Baby ein. Irgendwann kommt aber der Moment, in dem wir erschöpft sind und genug von allem haben. Dann kippt die Balance. Plötzlich treten unsere eigenen Bedürfnisse wieder in den Vordergrund. Wir wollen schlafen, in Ruhe essen, ohne Stress duschen und einfach einmal für einen Moment allein sein, vielleicht um Sport zu treiben oder ein Buch zu lesen. Unsere eigenen Wünsche, die wir hinter die Bedürftigkeit unseres Kindes zurückgestellt haben, werden früher oder später sehr laut. Wenn das Kind krank ist oder der alltägliche Betreuungsaufwand aus anderem Grund eine besonders hohe Intensität erreicht, wird alles noch schlimmer. Dann spüren wir besonders stark, dass es uns an allem mangelt.

Früher war es für uns normal, in solchen Phasen eine Pause zu machen. Aber jetzt steht unser Alltag in krassem Gegensatz zu dem Leben, das wir von früher kannten. Wir können unsere einfachsten Bedürfnisse nicht mehr erfüllen, weil wir immer zuerst unser Kind versorgen müssen. Das schockiert uns. Sogar allein auf die Toilette zu gehen ist plötzlich nicht mehr möglich. Sobald unser Kind anfängt zu krabbeln, ist es überall dabei. Wir sind konstant gefordert. Selbst wenn wir Zeit für uns selbst haben wollen, müssen wir sie uns erst „organisieren“. Wir brauchen dafür eine Kinderbetreuung.

Das zehrt an uns. Wir hätten gerne, dass unser Partner uns einmal ablöst. Wir sehnen uns nach Freizeit. Aber unserem Partner geht es ähnlich. Auch seine Bedürfnisse werden nicht mehr erfüllt.

Er möchte, dass wir uns auch wieder einmal um ihn kümmern und nicht immer nur um das Kind. Überall gibt es Wünsche, die danach rufen, erfüllt zu werden. Meistens gibt es deshalb Streit. Zu viele unterschiedliche Bedürfnisse prallen aufeinander. Manchmal werden die Bedürfnisse und der Mangel auf beiden Seiten in diesen Phasen so groß, dass die Beziehung auseinanderbricht. Als Eltern wollen wir aber gar nicht erst an diesen Punkt kommen. Deshalb erkläre ich in diesem Kapitel, was Mangel mit uns macht, wie wir Bedürfnisse auflösen, Aufopferung vermeiden und das Glück des Lebens dadurch genießen können, dass wir lernen, zu geben und zu empfangen.

## Die Leere in unserem Inneren

Bedürfnisse und Mangel sind unangenehme Themen, mit denen wir im Leben konfrontiert werden, ob wir es wollen oder nicht. Alle Menschen haben Bedürfnisse und kennen das Gefühl des Mangels, also das Gefühl, dass ihnen auf der emotionalen Ebene etwas Essenzielles fehlt. Das größte Problem dabei ist, dass wir versuchen, unseren Mangel loszuwerden, indem wir unsere Bedürfnisse von außen erfüllt haben wollen. Wir erwarten unbewusst, dass die anderen uns geben, was uns fehlt. Die anderen sollen unseren Mangel wettmachen. Babys drücken ihre Bedürfnisse dadurch aus, dass sie schreien, bis die Mutter kommt und sich um sie kümmert. Als Erwachsene haben wir diese Gewohnheit meist nicht ganz abgelegt. Wir schreien zwar nicht mehr so viel, aber wir erwarten immer noch, dass unsere Bedürfnisse von außen erfüllt werden und sich jemand um unseren Mangel kümmert. Irgendwann müssen wir aber lernen, unsere Mangelgefühle selbst auszugleichen und unsere eigenen Bedürfnisse zu erfüllen. Denn die Wahrheit ist, dass es niemand sonst für uns tun kann.

Bedürfnisse und Erwartungen entstehen aus einem Gefühl des Mangels. Wir wollen zum Beispiel nicht nur, dass uns jemand ein Essen kocht, weil wir Hunger haben oder zu krank sind, um es selbst zu tun. Wir möchten vor allem das Gefühl bekommen, dass wir geliebt werden, in Sicherheit sind und jemand uns für wichtig genug hält, um sich um uns zu kümmern. Wir wollen uns wertvoll fühlen und spüren, dass wir den anderen etwas bedeuten. Deshalb ist es so schön, zum Frisör oder zur Massage zu gehen. Wir werden wie Königinnen und Könige behandelt. Alles dreht sich nur um uns und unser Wohlbefinden. Endlich sind es einmal nicht wir, die zu Hause Bedürfnisse erfüllen, sondern es ist umgekehrt. Weil unsere Bedürfnisse erfüllt werden, geht es uns nach einer Wellnessbehandlung gut. Wir haben das Gefühl, wieder aufrecht zu stehen. Wir fühlen uns schön, wertvoll, zufrieden und glücklich.

In der Regel hält dieser Zustand aber nicht sehr lange an. Zu Hause braucht nur unser Baby zu schreien, dann ist das gute Gefühl schnell weg. Wenn uns der Alltag zu Hause eingeholt hat, fühlen wir uns wieder wertlos, nicht verstanden, unzulänglich, ungeliebt, einsam und so weiter. Dann strecken wir erneut unsere „Bettelschale" aus und erwarten energetisch, dass die anderen ein weiteres Mal unsere Bedürfnisse erfüllen und unseren Mangel an Liebe kurieren.

Paradoxerweise können wir trotzdem nicht bekommen, was wir wollen. Das liegt daran, dass Mangel und Bedürftigkeit aus uns ein Fass ohne Boden machen, solange wir nicht gelernt haben, Verantwortung für unsere Emotionen zu übernehmen (mehr dazu im Kapitel „Probleme sind nicht in Stein gemeißelt") und durch Geben zu empfangen. Zwar gibt es Menschen, die tatsächlich bereit wären, uns emotional und energetisch zu geben, was wir haben wollen. Aber wir können ihre Geschenke der Liebe nicht spüren. Solange wir in uns die Liebe, Wertschätzung und Anerkennung für uns selbst nicht geöffnet haben, werden ihre Geschenke keine Resonanz in uns erzeugen. Auch wenn uns diese Menschen noch so viel geben, können sie unsere innere Leere nicht füllen.

Deshalb fühlt sich Bedürftigkeit an, als wären wir in einem Hamsterrad. Wir rennen den Menschen hinterher, die unsere Bedürfnisse erfüllen sollen. Wir betteln um Liebe, Anerkennung und so weiter, aber es ist uns nie genug. Der Mangel und die Leere kommen immer wieder zurück, denn alles, was wir erhalten, fällt durch uns hindurch. Mangel und Bedürfnisse sind ein Teufelskreis.

Unsere Bedürfnisse sind unsere Kreation.
Sie können nur von innen und niemals
von außen erfüllt werden.

## Mutter sein ist eine Lektion im Bedürfnisse loslassen

Als Mutter werden wir auf eine ganz besondere Weise mit Bedürfnissen konfrontiert, die anders ist, als es die Väter erleben. Auch Väter kommen in der Zeit, in der die Kinder klein sind, mit ihren Bedürfnissen und denen der anderen verstärkt in Kontakt. Das ist vor allem so, wenn sie sich am Haushalt und der Kindererziehung beteiligen. Mütter werden jedoch schon wegen der biologischen Bedingungen der Schwangerschaft und des Stillens intensiver mit Bedürftigkeit konfrontiert. Im Säuglings- und Kleinkindalter ist die Mutter die erste Anlaufstelle für alle Bedürfnisse des Kindes, meistens auch noch in den Jahren danach. Es ist eine enorme Herausforderung, permanent so großer Bedürftigkeit ausgesetzt zu sein. Nicht nur weil wir ständig gefordert sind, sondern weil wir dadurch auch viel intensiver mit unserer eigenen Bedürftigkeit in Kontakt kommen. Denn wenn unsere eigenen Bedürfnisse nicht mehr so ohne Weiteres erfüllbar sind, wird unser Wunsch noch drängender, dass sie endlich erfüllt werden.

Das fordert jede Mutter heraus. Gleichzeitig liegt in dieser Situation eine große Chance, unsere Bedürftigkeit zu heilen. Die Intensität des Alltags zwingt uns, mit unseren Mangelgefühlen und unserer Bedürftigkeit umzugehen, weil unser Kind und unser Partner nun einmal da sind und uns brauchen. Ihre Bedürfnisse verschwinden genauso wenig von allein wie unsere. Wenn wir nicht die ganze Zeit streiten wollen, müssen wir einen Weg finden, die Lektion der Bedürftigkeit zu lernen. Bedürfnisse loszulassen ist eine Lernaufgabe, die uns das Leben früher oder später aufgibt. Wir können ihr nicht ausweichen, selbst dann nicht, wenn wir gar keine Kinder haben.

Warum also nicht die Chance ergreifen und die Lektion jetzt lernen, wenn wir ohnehin darin feststecken?

## Woher kommt das Gefühl des Mangels?

Ein Frisörbesuch, eine Wellnessbehandlung, ein Shoppingausflug fühlen sich deshalb so gut an, weil sie das Gefühl, uns würde etwas fehlen, für kurze Zeit überdecken. Aber unser Mangel und unsere Bedürftigkeit werden dadurch nicht geheilt. Wir haben trotzdem eine Leerstelle in unserem Herzen, die wir selbst (zum Beispiel durch unsere Lebensgeschichte) geschaffen haben. An diesem Ort weigern wir uns zu empfangen. Wir verschließen uns gegenüber der positiven Energie, die durch Gefühle wie Liebe, Dankbarkeit, Verständnis und Treue von anderen zu uns fließt. Unbewusst wollen wir diese Energie gar nicht empfangen. Aus Gründen, die meist in unserer Kindheitsgeschichte liegen, halten wir fest an dem Gefühl, Opfer zu sein – und damit auch am emotionalen Mangel (mehr dazu im Kapitel „Probleme sind nicht in Stein gemeißelt"). Unsere Mangelgefühle und die daraus resultierende Bedürftigkeit sind also schon sehr alt. Weil wir darunter leiden, erwarten wir, dass die anderen diesen Mangel füllen. Darin besteht unsere Bedürftigkeit. Wie ich schon erklärt habe, können andere Menschen unsere Bedürfnisse aber gar nicht erfüllen, selbst wenn sie es wollten. Solange wir an der Idee festhalten, dass es einen Mangel an materiellen und immateriellen Dingen in unserem Leben gibt, fühlen wir uns leer, denn unser Geist manifestiert, was wir unbewusst denken.

Also müssen wir zuerst unsere Entscheidung revidieren, dass es überhaupt einen Mangel gibt. Die Vergangenheit ist längst vorbei und damit sind es auch die Gründe, die uns in der Kindheit dazu bewogen haben, an Mangel zu glauben. Als Erwachsene können wir heute für damals unsere Kindheitsentscheidung anpassen und das Gefühl loslassen, dass uns nur die anderen geben können, was uns fehlt. Bedürfnisse lassen wir los, indem wir uns entscheiden, das zu geben, wovon wir glauben, dass es uns mangelt. Indem wir geben, empfangen wir auch gleichzeitig. Wir können Gefühle wie Anerkennung, Wertschätzung, Liebe und ähnliche Dinge wieder spüren. Denn in Wahrheit waren diese Gefühle nie weg. Je öfter wir geben und empfangen, desto weniger Mangel empfinden wir und desto geringer wird unsere Bedürftigkeit. Wenn wir weniger bedürftig sind, werden auch unsere Beziehungen einfacher. Das Leben macht viel mehr Spaß. Es zeigt sich wieder von der Seite der materiellen und immateriellen Fülle, der Leichtigkeit und des Erfolgs.

## Übung: Bedürfnisse loslassen

Aber wie erkenne ich, woran es mir mangelt, worin meine Bedürftigkeit besteht, und wie kann ich das Geben und Empfangen lernen?

*Als junge Mutter hätte ich mir zum Beispiel mehr Zeit für mich selbst gewünscht, um mich zu erholen. Aber ich wollte auch mehr Zeit für mich, weil ich das Gefühl vermisste, wichtig und wertvoll zu sein. Ich fühlte mich unwichtig, weil ich nur noch Putzfrau, Köchin und Babysitterin war. Ich fand, dass ich wieder zufriedener wäre, wenn ich etwas Tolles ganz für mich allein machen würde. Mein Bedürfnis nach Freizeit war auf einer tieferen, unbewussten Ebene motiviert durch die Sehnsucht danach, mich wichtig, wertvoll und erfüllt zu fühlen. Wenn ich wollte, dass mich mein Mann beim Kinderhüten ablöste, wollte ich also in Wahrheit, dass er mir die Wertschätzung und Anerkennung gab, die mir selbst fehlte.*

Dein Unterbewusstsein sagt dir, welchen emotionalen Mangel oder welches Selbsturteil unter deiner Bedürftigkeit liegt. An Mangel und Urteilen festzuhalten macht keinen Sinn, weil sie uns nicht nützen. Entscheide dich dafür, eine neue Entscheidung zu treffen. Das mag dir seltsam vorkommen, aber Dinge verändern sich nur, wenn es in unserem Herzen und in unserem Geist auch eine Öffnung dafür gibt. Diese Aufgabe können wir nicht über den Intellekt lösen. Wir müssen beginnen zu fühlen. Wenn Mangel und Bedürfnisse stark sind, neigen wir dazu, unser Herz zu verschließen und Emotionen zu unterdrücken. Aber heute willst du genau das Gegenteil tun. Wenn du dein Herz öffnest, fühlst und Liebe gibst, lösen sich Mangel und Bedürftigkeit ganz von allein auf, weil du dann die Liebe wieder spüren und empfangen kannst, die dich glücklich macht.

Die folgende Übung zeigt dir, wie das geht.

## Übung: Bedürfnisse loslassen

- Worin besteht gerade dein größtes Bedürfnis?
- Wenn sich dieses Bedürfnis erfüllen würde, was würdest du dadurch bekommen?
- Vertraue darauf, dass die intuitive Antwort, die dir zuerst in den Sinn kommt, die richtige Antwort ist. Sie führt dich in dein Unterbewusstsein, wo die Antworten liegen, die wir vor uns selbst verbergen.
- Fühle die negative Emotion, aus der deine Bedürftigkeit kommt, so wie es bei mir die Wertlosigkeit war.
- Bitte himmlische Helfer darum, dich dabei zu unterstützen. Hilfe kann von Maria kommen, von Jesus, Buddha, den Engeln, von deinem schamanischen Krafttier oder deinen Ahnen.
- Durch die himmlischen Kräfte fließt bedingungslose Liebe wie ein heller Lichtstrom in dein Herz. Er erfüllt deine Gedanken und deinen Körper mit der Energie des Himmels.
- Das Licht löst den Nebel deiner Bedürftigkeit auf. Lasse die Wirkung des himmlischen Lichts so lange geschehen, bis du dich ganz in Frieden fühlst. Lasse geschehen, dass dir geholfen wird.
- Das Licht und der Frieden erfüllen dich und bewirken, dass du mit Leichtigkeit geben kannst, was du selbst haben möchtest: zum Beispiel Wertschätzung und Anerkennung.
- Teile diese Dinge mit deinem Mann, deinen Kindern oder den Menschen, die an deinem Problem beteiligt waren.
- Was du gibst, empfängst du gleichzeitig für dich selbst.
- Genieße diesen Moment. Du wirst so sehr geliebt. Akzeptiere, dass das die Wahrheit ist.

## Geben und Empfangen

Die Übung, mit der wir Mangel und Bedürftigkeit loslassen, ist im Prinzip auch die Anleitung dafür, wie wir das Geben und Empfangen lernen können. Der Kreislauf von Geben und Empfangen ist eine Dynamik, die in unserem Leben Wunder wirken kann. Sie ist ein zentraler Aspekt in der Arbeit von Chuck und Lency Spezzano. In ihrem Buch *Psychology of Vision: Grundprinzipien spiritueller Psychologie* erklären sie, wie Geben und Empfangen funktioniert:

„*Empfangen ist der weibliche Aspekt der Liebe. Es ist die Gabe, uns zu öffnen, um das anzunehmen und zu integrieren, was uns angeboten wird. Es ist untrennbar mit Geben verbunden, sodass wir, wenn wir mehr empfangen, naturgemäß auch mehr geben, und wenn wir mehr geben, stoßen wir die Pforte zum Empfangen noch weiter auf.*“[2]

Das Prinzip des Gebens und Empfangens ist also ein energetischer Kreislauf, durch den wir nur gewinnen können. Wenn wir aus einem wahren Gefühl wie Dankbarkeit oder Liebe heraus geben, empfangen wir das, was wir schenken, gleichzeitig auch für uns selbst. Wir verlieren nichts. Im Gegenteil. Der Kreislauf von Geben und Empfangen vervielfacht alle guten Dinge. Wir machen andere Menschen glücklich und empfangen für uns selbst Wertschätzung, Anerkennung, Frieden, Sicherheit, Geborgenheit, Fülle, Erfolg und viele andere positive Dinge.

*Als ich mich bewusst dafür entschieden hatte, für die nächste Zeit Hausfrau zu sein, begann ich, Erfüllung zu empfinden, wenn ich meine Familie aus purer Liebe heraus unterstützte. Unsere Kinder waren zufriedener, mein Mann genoss die gute Stimmung und konnte nach den langen Arbeitstagen zu Hause auftanken. Vor allem hörte ich auf, meinen Alltag zu verurteilen, und begann, meine Aufgaben zu mögen. Zum Beispiel machte ich das Abwaschen bewusst zu einer*

2 Chuck und Lency Spezzano: *Psychology of Vision: Grundprinzipien spiritueller Psychologie.* Petersberg: Via Nova, 2021.

*meditativen Tätigkeit, die mich entspannte. Das half mir, mich immer wieder an meine Entscheidung zu erinnern, dass mein bester Platz im Moment zu Hause war. Wenn ich Hausarbeiten erledigen musste, die ich nicht so gerne machte, entschied ich mich dafür, sie aus Liebe zu meinem Mann und meinen Kindern zu tun: weil es ihnen guttat, nicht weil ich es tun musste. Das gab mir das Gefühl zurück, dass mein Leben Sinn machte und dass ich wichtig und wertvoll war. Trotzdem legte ich mein Bedürfnis nach Anerkennung nicht gänzlich ab. Immer wieder einmal war es für mich wichtig zu hören, dass mein Mann fand, ich sei eine gute Mutter. Aber da mir diese Bedürftigkeit jetzt bewusst war, konnte ich sie viel schneller wieder loslassen. Jedes Mal, wenn ich die Bedürftigkeit spürte und mich wertlos fühlte, fragte ich mich: „Will ich deswegen leiden und unglücklich sein oder will ich lieben?" So begann ich, mich immer wieder für das Geben und Empfangen zu entscheiden.*

Wenn wir die Übung des Gebens und Empfangens immer wieder machen, wird unser Mangel geringer und unsere Bedürftigkeit wird schwächer. Es ist in der Regel keine Lektion, die wir auf Anhieb lernen. Wir müssen viele Schichten des Mangels und der Bedürftigkeit nach und nach lösen. Aber wenn wir uns dafür entscheiden, es immer wieder zu tun, spüren wir sehr schnell, dass wir uns kraftvoller, verbundener und ausgeglichener fühlen. Wir haben weniger Grund zu streiten. Unser Leben wird friedlicher, einfacher, erfüllter und leichter.

## Aufopferung

Mangel und Bedürftigkeit halten uns davon ab, unseren Platz im Leben einzunehmen und unser Glück zu genießen. Aber wenn wir das Geben und Empfangen üben, können kleine und größere Wunder in unserem Alltag geschehen. Der Kreislauf aus Geben und Empfangen funktioniert allerdings nur dann, wenn das Geben positive Gefühle in uns auslöst und wir das Empfangen dabei nicht vergessen. Denn geben, ohne zu empfangen, bringt uns keine Fülle. Im Gegenteil, wir fühlen uns irgendwie nicht gut bei dem, was wir tun. Wir ermüden schnell oder sind verärgert. Aufopferung bedeutet, dass wir zwar etwas Richtiges oder Gutes geben, aber wir tun es nicht freiwillig. In Aufopferung sind wir auch, wenn wir Dinge nur deshalb tun, weil wir sie tun müssen, oder denken, wir sollten sie tun. Oder wenn wir das „Richtige" tun wollen und etwas machen, von dem wir denken, dass es die anderen von uns erwarten. In all diesen Fällen handeln wir nicht aus Liebe heraus, sondern um eine Erwartung zu erfüllen. Wir spielen nur eine Rolle. Wenn wir uns aufopfern, versuchen wir insgeheim, ein Bedürfnis erfüllt zu bekommen. Indem wir Erwartungen erfüllen, wollen wir die Bestätigung haben, dass wir zum Beispiel „gut" sind, „richtig" handeln oder „lieb" sind. Wir wollen durch unser Tun von den anderen etwas bekommen: ein gutes Gefühl wie beispielsweise Liebe, Anerkennung, Aufmerksamkeit oder Bestätigung. Wie ich oben schon gesagt habe, funktioniert das aber nicht. Wenn wir aufopfernd handeln, ist unsere Fähigkeit zu empfangen blockiert. Deshalb führt Aufopferung zu Burnout und Frust. Das zeigt das folgende Beispiel.

*Als Ulrikes Freundin Esther ein Baby bekommt, kocht Ulrike für die Familie. Sie möchte Esther entlasten. Als Esther ihr leckeres Essen nicht ausdrücklich positiv würdigt, ist Ulrike beleidigt. Sie fühlt sich nicht wertgeschätzt. Als sie nach Hause kommt, ist Ulrike fix und fertig. Sie ist müde und hat das Gefühl, ihre Grenzen ungewollt überschritten zu haben.*

*Das ist Aufopferung.*

*Ulrike hat ihre Freundin freiwillig entlastet, aber es vor allem deshalb getan, weil sie fand, dass es sich so gehört. Sie war der Meinung, dass sie es tun „sollte". Für ihre „gute Tat" hat Ulrike unbewusst Anerkennung erwartet. Sie wollte eine emotionale Bestätigung dafür haben, dass sie „richtig" handelt und eine „gute" Freundin ist.*

Der Grat zwischen Aufopferung und bedingungslosem Geben aus purer Liebe kann schmal sein. Oft ist es schwierig, Aufopferung bewusst wahrzunehmen. Wir können Aufopferung aber immer rückblickend erkennen. Wenn wir uns aufgeopfert haben, fühlen wir uns immer schlecht, ausgenutzt, niedergeschlagen oder ausgelaugt. Unser Tun macht uns nicht glücklich. Es verursacht Stress, oft sogar Streit.

Aufopferung bedeutet, dass wir geben, in Wahrheit aber dafür etwas zurückbekommen wollen. Unser Geben ist also an eine Bedingung geknüpft. Deshalb empfinden die anderen unser aufopferndes Handeln bewusst oder unbewusst als Angriff. Sie wehren sich gegen unser „Geben", denn in Wahrheit stellen wir damit ja Forderungen. Zwar kommen wir unter dem Vorwand, etwas geben zu wollen, aber tatsächlich nehmen wir nur. Wenn wir uns aufopfern, sind wir ein energetisches „schwarzes Loch". Das Problem mit der Aufopferung liegt darin, dass wir unsere eigene Bedürftigkeit, unsere unterschwelligen Forderungen und den unbewussten Angriff meist gar nicht bemerken. Weil die anderen negativ darauf reagieren oder uns nicht geben, was wir haben wollen, fühlen wir uns unverstanden und abgewiesen. Wenn wir die Dynamik der Aufopferung aber durchschauen, können wir die Reaktion der anderen gut verstehen.

Wahres Geben geht dagegen mit positiven Gefühlen einher. Es bewirkt, dass viel mehr Energie in unser Herz fließt, als wir verschenken. Wenn wir aus wahrem Geben heraus handeln, sind unsere Ressourcen endlos. Dann sind wir im „Flow", fühlen uns trotz harter Arbeit glücklich, energetisiert, beschwingt und kreativ. Die Dinge laufen rund, Probleme überwinden wir mit Leichtigkeit und alles scheint möglich. Es kostet uns keine Kraft, anderen zu helfen. Im Gegenteil: Es macht uns froh. Auch die Arbeit oder der sportliche Wettkampf macht uns keine Mühe. Obwohl wir uns gewaltig anstrengen, macht es einfach nur Spaß. Wir haben einen großartigen Tag, ganz unabhängig davon, ob wir tatsächlich auf dem Siegerpodest gelandet sind oder nicht. Unser Herz ist voll bei der Sache und steht weit offen, um die guten Gefühle wie Spaß, Anerkennung und Erfolg zu empfangen.

Wenn wir achtsam werden und genau beobachten, wie wir uns fühlen, können wir mit der Zeit den Unterschied zwischen Aufopferung und wahrem Geben gut erkennen. Im Rückblick sehen wir immer, welchen Weg wir eingeschlagen haben. Aufopferung kostet Kraft, verursacht Stress und Streit und lässt uns leiden. Bedingungsloses Geben aus purer Liebe bewirkt dagegen, dass wir uns wertvoll, erfolgreich, bestätigt und beschwingt fühlen. Wir können uns dafür entscheiden, durch wahres Geben gute Dinge für uns selbst zu empfangen. Wenn wir das immer wieder üben, wird unser Leben tiefschichtiger, reicher und glücklicher.

## Familienglück?

Geben und Empfangen ist eine Dynamik, die nicht nur Frieden, Harmonie und Glück in unser Leben bringt, sondern sich auch auf der materiellen Ebene auswirkt. Unsere Bereitschaft, zu geben und zu empfangen, steht auch in direktem Zusammenhang mit Erfolg und Geld. Dazu möchte ich Hannahs Geschichte erzählen, die mich in einigen Punkten an meine eigene Geschichte erinnerte. Sie ist ein Beispiel dafür, wie viel Fülle das Geben und Empfangen auf allen Ebenen ins Leben bringen kann. Hannahs Beispiel handelt auch davon, wie wir Erwartungen an uns selbst aus dem Weg räumen und uns von Urteilen und gesellschaftlichen Vorstellungen lösen, die unsere Fähigkeit zu empfangen einschränken.

*Als Hannah schwanger wird, arbeitet sie in einem intellektuell anspruchsvollen und sehr stresslastigen Job. Durch die Schwangerschaft wird nicht nur ihr Körper immer schwerer, sie ist auch oft müde und „im Kopf" langsamer als sonst. Konzentriertes, fokussiertes Arbeiten macht ihr plötzlich Schwierigkeiten. Der Mutterschaftsurlaub bringt eine willkommene Pause vom Stress, der ihr durch den „Einbruch" ihrer Effizienz und Leistungsfähigkeit entstanden ist. Ihr „weichköpfiger", müder Schwebezustand fällt zu Hause nicht mehr so auf. Als es aber darum geht, an den Wiedereinstieg in den Job zu denken, gerät Hannah unter Druck. Ihr watteartiger Zustand hält durch das Stillen immer noch an. Es scheint ihr unmöglich, weiterhin die Anforderungen ihres inhaltlich anspruchsvollen Berufs zu erfüllen. Außerdem möchte Hannah eigentlich die Zeit mit ihrem Kind noch etwas länger genießen, weil es vielleicht ihr einziges bleiben wird. Aber sie riskiert ihren Job und ihre Aufstiegsmöglichkeiten, wenn sie eine lange Mut-*

*terschaftspause macht. Hannah glaubt, ihr Umfeld erwarte von ihr, dass sie die Karriereleiter noch weiter hinaufsteigt und noch mehr Geld verdient. Durch das Kind hat sich aber vieles verändert, auch ihr Blick auf die eigene Karriere: Sie scheint ihr plötzlich nicht mehr so wichtig. Viel deutlicher wird, dass Hannah insgeheim von einer glücklichen Familie träumt, für die sie da sein kann. Aber Hannah würde das nie offen zugeben. Nur noch Hausfrau, Mutter und Ehefrau zu sein ist zwar Hannahs Wunsch, aber sie empfindet dieses Rollenbild als gesellschaftlich veraltet und nicht mehr vertretbar.*

*Noch verzwickter wird Hannahs Situation deshalb, weil sie ihre eigene „Leistung" als Hausfrau in Frage stellt. Ständig ist in der Wohnung Chaos. Sie schafft es nur selten, die Wäsche zusammenzulegen und das Geschirr abzuwaschen, bevor ihr Mann nach Hause kommt. Dabei muss sie sich doch „nur" um ihr Kind und den Haushalt kümmern. Ständig ist Hannah unzufrieden mit sich selbst, weil sie zu wenig geleistet hat.*

## Männliche und weibliche Formen von Effizienz

Hannahs Problem hat damit zu tun, dass sie sich seit der Schwangerschaft verändert hat. Sie ist emotionaler geworden als früher und fühlt allgemein viel mehr. Biologisch betrachtet ist das sehr wichtig, denn eine Mutter muss spüren können, was ihr Neugeborenes braucht. Deshalb wird Hannah stärker empathisch, man könnte auch sagen, sie wird „weiblicher". Ihre Emotionen lassen sich aber nicht mehr so leicht kontrollieren. Am Arbeitsplatz zu weinen, ob aus positivem oder negativem Anlass, ist für die meisten von uns eine Horrorvorstellung. Denn Emotionen zu zeigen ist in unserer Gesellschaft meist ein Zeichen von Schwäche. In der Schwangerschaft tragen Hormone außerdem dazu bei, dass sich das Gehirn neu sortiert. Viele schwangere Frauen fühlen sich plötzlich nicht nur emotionaler, sondern auch „vernebelt", und werden scheinbar ineffizient. Es fällt ihnen schwerer, intellektuell zu sein und eine Aufgabe fokussiert und konzentriert zu erledigen. Weil das aber nicht in

Hannahs Bild von Erfolg und Effizienz passt, verurteilt sie sich selbst dafür, „emotionsgesteuert“, vergesslich, schusselig und irgendwie „weich im Kopf“ zu sein.

*Hannah erkennt nicht, was sie als Mutter eigentlich tagtäglich leistet und welche wichtige Rolle ihre „weiblichen“ Fähigkeiten dabei spielen. An ihre Arbeit als Mutter und Hausfrau setzt Hannah „männliche“ Erfolgskriterien an. Es sind jene Vorstellungen, anhand derer sie früher ihren beruflichen Erfolg bewertet hat. Erfolg im Job hat in Hannahs Augen zum Beispiel, wer sich emotional unter Kontrolle hat, hart verhandeln kann, schlagende Argumente hat, keine Kompromisse eingeht, ehrgeizig ist und ein hohes Gehalt bekommt. „Perfekte“ Mitarbeitende müssen in ihrer Welt eine ganze Palette solcher „männlichen“ Anforderungen erfüllen. Wie so viele erfolgreiche Frauen versuchte Hannah deshalb, im Job zu einem noch besseren „Mann“ zu werden als ihre Kollegen. Sie wollte sich gegen ihre männlichen Kollegen behaupten und legte sich extra ins Zeug. Sie lieferte fachlich immer erstklassige Arbeit ab und machte selbstverständlich regelmäßig Überstunden. Kein Aufwand war ihr zu groß, um „gut“ zu sein.*

*Als Mutter kann Hannah diese „männlichen“ Erfolgskriterien nicht mehr auf die gleiche Weise erfüllen wie früher im Job. Ihr Tempo hat sich verändert. Die Langsamkeit, Weichheit und der „schwammige“ Zustand, den alle schwangeren und stillenden Frauen erleben, steht im krassen Gegensatz zu dem durchgetakteten, stresslastigen und konkurrenzorientierten Berufsleben, das Hannah bisher gewöhnt war. Außerdem hat sie überhaupt keine Chance mehr, mit ihren alten Vorstellungen von Effizienz Erfolg zu erzielen. Denn die Bedürfnisse eines Kindes sind ganz andere als die eines Arbeitgebers. Dass Hannah permanent im Stress ist und sich schlecht fühlt, liegt also zu einem großen Teil daran, dass sie glaubt, wieder so werden zu müssen wie früher: schnell, effizient, ehrgeizig und super intellektuell. Wenn sie nun versucht, das Baby in ihre alten Vorstellungen von Erfolg zu pressen, und einen Terminkalender einhalten will, funktioniert das nicht. Es macht die Situation nur schlimmer. Das eigentliche Dilemma entsteht also dadurch, dass Hannah sich nicht an ihre neue Realität angepasst hat. Die Anforderungen an Hannah als die „perfekte*

*Mitarbeiterin" sehen seit der Geburt ihres Kindes völlig anders aus. Weil sie sich aber weiterhin an den „männlichen" Werten und Erfolgskriterien des alten Jobs orientiert, hat sie zwangsläufig das Gefühl, permanent zu scheitern.*

*Für Hannah geht es darum, den Wert ihrer „weiblichen" Anteile zu erkennen. „Weibliche" Fähigkeiten sind zum Beispiel: Ruhe ausstrahlen, Entspannung in den Alltag bringen, intuitiv hineinfühlen, was das Kind braucht, schützen, pflegen, trösten, Geborgenheit spenden, Emotionen spüren, sich auf kreative Weise Beschäftigungsmöglichkeiten für das Kind ausdenken und so weiter. Die meisten dieser Eigenschaften, vor allem Weichheit und Langsamkeit, sind in Hannahs Augen aber Schwächen, für die sie sich selbst verurteilt.*

*„Weiblicher" werden ist für Hannah ein Problem, weil sie sich insgeheim als Hausfrau und Mutter herabgesetzt fühlt. Als intellektuelle, gebildete Frau verbindet sie den Begriff „Hausfrau" mit den gesellschaftlichen Werten des vorigen Jahrhunderts. Sie verurteilt Frauen, die keinen Ehrgeiz haben, keinen Wert auf ihre Karriere legen und Erfüllung darin sehen, den ganzen Tag „hinter dem Herd zu stehen" und sich um die Kinder zu kümmern. Andererseits ist es aber Hannahs Wunsch, in den nächsten Jahren zu Hause zu bleiben und genau das zu tun. Das Problem ist also, dass Hannahs unbewusste Urteile über Hausfrauen verhindern, dass sie ihren Lebenstraum genießen kann.*

## Urteile über Hausfrauen

Urteile können auf die eine oder andere Seite schwingen. Die Idee, als Hausfrau am Herd zu stehen, erscheint manchen Menschen genauso negativ, wie das Kind in der Kita fremdbetreuen zu lassen. Grundsätzlich engen Urteile unsere Sichtweise und unseren Handlungsspielraum ein. Sie halten uns gefangen in Kategorien von Richtig und Falsch oder Gut und Schlecht. Außerdem bewirken Urteile immer eine emotionale Trennung. Denn durch Urteile sehen wir uns auf der einen Seite, die anderen aber auf der gegenüberliegenden Seite, mit der wir nichts zu tun haben wollen. Alles, was Trennung in unser Leben bringt, steht unserem Glück im Weg.

Also wollen wir unsere Urteile auflösen. Das tun wir, indem wir sie als Projektionen erkennen. Kurz gesagt bedeutet Projektion, dass wir uns an negativen Aspekten stören, die wir in anderen Menschen wahrnehmen. Dabei übersehen wir, dass wir diese Eigenschaften ebenfalls haben oder unter- und unbewusst denken, dass wir sie haben. Weil wir diese Aspekte aber als extrem negativ empfinden, verdrängen oder kompensieren wir sie. Im Kapitel „Familiendynamik erkennen und auflösen" spreche ich ausführlicher über dieses Thema und zeige eine Übung, wie wir Projektionen zurücknehmen und Urteile auflösen können. Unsere Projektionen sind in Wahrheit Selbsturteile, die wir loslassen können.

*Nachdem Hannah ihre Projektionen und Selbsturteile losgelassen hat, fühlt sie sich sehr erleichtert. Ballast ist von ihr abgefallen. Sie hat das Gefühl, sein zu dürfen, wer sie in Wahrheit ist: eine sehr weibliche Frau mit weiblichen Talenten und Gaben. Sie akzeptiert, dass es im Moment ihr Herzenswunsch ist, Mutter und Hausfrau zu sein, und dass sie damit glücklich ist. Ihre Sichtweise verändert sich. Sie kann erkennen, wie sehr ihre Familie davon profitiert, dass sie im Moment nicht arbeiten geht und stattdessen ihre ganze Energie in den Haushalt, das Kind und ihre Beziehung investiert. In den letzten eineinhalb Jahren, in denen Hannah ihrem Mann Peter zu Hause den Rücken freihielt, konnte er sich beruflich stark verändern. Peter geht viel motivierter zur Arbeit als früher und Hannah ist stolz auf seine beruflichen Erfolge. Von Peters höherem Einkommen kann die Familie gut leben, sodass Hannah keinen Druck hat, wieder in den Beruf einzusteigen – außer wenn sie sich selbst Druck macht. Vor Kurzem hat die Familie eine größere Wohnung gefunden, die günstiger liegt und in der sich alle sehr zu Hause fühlen. Hannah realisiert, dass seit der Geburt ihrer Tochter für sie und ihren Mann viele Wünsche in Erfüllung gegangen sind. Ich mache sie darauf aufmerksam, dass das eine Auswirkung ihrer weiblichen Fähigkeit ist, zu geben und für alle zu empfangen.*

## Das Prinzip der Abhängigkeit und Unabhängigkeit

Für viele Mütter ist es ein Problem, dass sie als Hausfrau kein eigenes Geld mehr verdienen. Sie hadern damit, von ihrem Partner finanziell abhängig zu sein.

*Auch mich beschäftigte es in der Zeit, als meine Kinder klein waren, dass ich kein eigenes Geld verdiente. Lange Zeit bezahlte ich alles, was ich für mich selbst kaufte, von meinem Ersparten. Meinen Mann wollte ich nicht um Geld bitten. Aber eines Tages war das Geld auf meinem Sparkonto aufgebraucht. Das fühlte sich überhaupt nicht gut an. Ich fühlte mich nicht länger frei. Es kam mir vor, als hätte ich einen Teil der Kontrolle über mein Leben abgegeben. Ich fühlte mich hilflos und machtlos.*

*Dieses Gefühl der Abhängigkeit war aber nicht nur finanzieller Art. In der folgenden Zeit lernte ich viel über eine Dynamik, die oft Schwierigkeiten in Beziehungen macht: das Wechselverhältnis zwischen Abhängigkeit und Unabhängigkeit. Als Hausfrau war ich auf die abhängige Seite der Beziehung gerutscht. Für mich als ehemals unabhängige Frau war das ein großes Thema.*

*Das Problem mit dem Geld lösten wir so, dass mein Mann jeden Monat auf mein Privatkonto einen Betrag überwies. Für meine Arbeit zu Hause bekam ich nun also ein „Gehalt", über das ich frei verfügen konnte. Die eigentliche Lektion bestand für mich aber darin zu lernen, dass Wert und Anerkennung überhaupt nichts mit Geld zu tun haben. Wer ich war und wie ich mich sah, hatte mit meiner Bereitschaft zu tun, das Geben und Empfangen zu lernen. Dadurch lernte ich, auf der abhängigen Seite der Beziehung glücklich zu sein. Je besser ich darin wurde, Bedürfnisse bedingungslos und aus freien Stücken zu erfüllen, desto mehr bekam ich, was ich brauchte und mir wünschte. Mit der Zeit war ich nicht nur glücklich über die Leichtigkeit und die Fülle, die in mein Leben gekommen waren. Ich fühlte mich auch dazu ermächtigt, viele Dinge zu tun, die ich nie für möglich gehalten hätte.*

**Beziehungen überleben nur,
wenn wir das Prinzip der Abhängigkeit
und Unabhängigkeit verstehen.
Es ist das wichtigste Grundlagenverständnis
für jede Art von Beziehung!**

Selbstwert, Wertschätzung und Anerkennung haben also nur vordergründig mit Geld zu tun. Wenn wir viel Geld haben, ist das Leben in mancherlei Hinsicht einfacher. Wir fühlen uns reicher, freier, unabhängiger und sicherer. Wir können uns Statussymbole leisten, die nach außen hin zeigen, dass wir Erfolg haben. Das kann schön sein und uns eine gewisse Befriedigung geben. Aber die Zutaten für Selbstwert, Fülle, eine zufriedene Familie und eine starke Beziehung finden wir auf keinem Bankkonto. Wie wertvoll wir uns als Mütter fühlen, die kein Geld mehr verdienen, hat damit zu tun, wie gut wir auf der abhängigen Seite der Beziehung zurechtkommen.

Die Dynamik der Abhängigkeit und Unabhängigkeit ist ein Teil jeder Beziehung, auch unter Freunden, im Job oder im Verein. Die beiden Pole beruhen auf Wechselseitigkeit. Wenn in einer Beziehung der eine Teil abhängig ist, ist der andere automatisch unabhängig und umgekehrt.

## Abhängigkeit

Mütter mit kleinen Kindern bekommen das Gefühl der Abhängigkeit ganz besonders intensiv zu spüren. Obwohl sich immer mehr Väter aktiv an der Erziehung und am Haushalt beteiligen, sind es immer noch zum größten Teil die Frauen, die abhängig werden. Das zeigt sich zum Beispiel daran, dass Mütter zuerst auf die Bedürfnisse ihrer Kinder eingehen müssen, bevor sie sich um ihre eigenen Bedürfnisse kümmern können, aber auch daran, dass Mütter einen viel geringeren Bewegungsradius haben als die berufstätigen Väter. Diese Rollen können natürlich auch genau umgekehrt gelebt werden. Mütter, die sich hauptsächlich um die Kinder kümmern, sind gebunden – vor allem dann, wenn sie finanziell von ihrem Partner abhängig sind. Deshalb werden Mütter viel stärker mit den Emotionen der Abhängigkeit konfrontiert als die Väter, die in dieser Phase häufig den unabhängigen Teil in der Beziehung einnehmen.

Der größte Unterschied zwischen den beiden Polen liegt darin, dass wir Emotionen auf der abhängigen Seite stärker spüren als auf der unabhängigen Seite. Wenn wir abhängig sind, sind wir stärker in Verbindung. Deshalb ist unser Herz offener und wir nehmen Gefühle und Emotionen deutlicher wahr. Das ist einerseits wunderschön, denn wenn unser Herz offen ist, können wir die Tiefe der positiven Gefühle viel intensiver spüren: Liebe, Dankbarkeit, Freude, Kreativität. Natürlich fühlen wir aber auch Schmerz, Einsamkeit, Trauer, Angst und andere negative Emotionen auf die gleiche Weise. Auf der unabhängigen Seite ist das anders. Weil wir uns weniger stark verbinden, können uns Emotionen und Gefühle nicht auf dieser Tiefe erreichen.

Die Herausforderung liegt deshalb darin, die Höhenflüge der Gefühle und die Heftigkeit der Emotionen auszuhalten. Dazu gehören auch die Distanz und die Bedürftigkeit, die in allen Beziehungen vorhanden sind. Wir müssen lernen, mit der Intensität unseres Fühlens umzugehen, denn sonst gehen wir auf der abhängigen Seite unter.

## Unabhängigkeit

In einer Partnerschaft gibt es grundsätzlich immer zu gleichen Teilen Bedürftigkeit – auf der abhängigen wie auch auf der unabhängigen Seite. Aber dadurch, dass der unabhängige Teil weniger Verbindung zulässt, ist es einfacher, die negativen Emotionen der Bedürftigkeit zu unterdrücken. Außerdem fällt es dem unabhängigen Teil leichter, die eigenen Bedürfnisse zu erfüllen. Der Preis der Unabhängigkeit besteht darin, dass wir uns in einer Beziehung schnell schuldig fühlen und oft einsam sind. Auf der unabhängigen Seite fehlt uns die emotionale Intensität der Verbundenheit. Indem wir negative Emotionen abspalten und unterdrücken, entgehen uns auch die schönen und positiven Gefühle. Deshalb ist das Leben auf der unabhängigen Seite zwar vermeintlich einfacher, aber auch oberflächlicher und blasser. Es ist viel schwieriger, vielleicht sogar unmöglich, als unabhängiger Mensch emotionale Erfüllung zu finden.

In einer ausgewogenen Beziehung können die Pole der Abhängigkeit und Unabhängigkeit spontan wechseln. Meistens gibt es in gewissen Lebensphasen eine Gewichtung auf die eine oder andere Seite, etwa wenn die Kinder klein sind. Wenn sie groß werden und das Haus verlassen, beginnen viele Frauen, sich beruflich und persönlich noch einmal ganz neu zu orientieren. Dann werden sie wieder unabhängiger und konzentrieren sich mehr auf ihr Leben außerhalb des gemeinsamen Familienbereiches. In dem Maße, in dem diese Frauen nun unabhängig werden, werden ihre Männer plötzlich abhängig. Das zeigt sich zuerst dadurch, dass die Männer auf unerwartete Weise bedürftig werden. Sie werden zum Beispiel eifersüchtig, beschweren sich viel, fangen an zu jammern oder werden krank. So bringen sie zum Ausdruck, dass sie sich von ihrer unabhängigen Frau vernachlässigt fühlen und wieder wie früher umsorgt werden wollen. Den meisten Männern fällt es sehr schwer, die abhängige Seite zu leben. Schwierig ist es aber auch für die Frauen, denn einen jammernden, kranken Mann auszuhalten ist keine einfache Sache. Oft gehen in dieser Phase Beziehungen in die Brüche, wenn sich Paare dieser Dynamik der Abhängigkeit und Unabhängigkeit nicht bewusst sind und nicht wissen, wie sie konstruktiv damit umgehen können.

Solche großen Schwankungen im Gefüge der Abhängigkeit und Unabhängigkeit einer Beziehung sind in der Regel nicht zu übersehen. Manchmal geschieht der Wechsel aber auch auf subtilere Weise, ohne dass sich die Situation im Großen verändert hat.

*Jakob und Marie haben eine vierjährige Tochter. Jakob arbeitet Vollzeit, Marie hat einen Teilzeitjob. Sie kümmert sich hauptsächlich um das Kind und den Haushalt. Meistens funktioniert das sehr harmonisch, außer wenn Marie das Bedürfnis hat, zu lesen. In den Ferien hat sich Marie in eine spannende, mehrbändige Buchreihe vertieft, die sie völlig fesselt. In jeder freien Minute greift sie zu ihrem Buch. Am Anfang findet Jakob das gut, weil er seiner Frau das Vergnügen gönnt. Dafür übernimmt er mehr von der Hausarbeit. Mit der Zeit nervt es ihn aber. Immer öfter muss er sich allein um die Tochter kümmern, obwohl er nach dem langen Arbeitstag müde ist. Er beschwert sich, dass seine Frau ihre Nase nur noch im Buch hat. Er fühlt sich vernachlässigt. Er langweilt sich an den Abenden, die seine Frau nicht mit ihm teilt. Auf einer Ebene ist er sogar eifersüchtig auf die Bücher, weil sich Marie so sehr in ihre Lektüre vertiefen kann, dass sie Jakob ganz vergisst.*

*Nachdem das einige Zeit so gegangen ist, zieht Jakob sich ebenfalls zurück. Die beiden sprechen kaum noch miteinander. Kurz darauf bekommt Jakob eine Augenentzündung. Marie muss ihm abends mit den Augentropfen helfen. Es ärgert sie, dass sich Jakob nicht selbst versorgen kann. So kommt es zu Vorwürfen und zum Streit.*

*Weil der Schuh auch noch an anderen Stellen drückt, kommt Marie zu mir ins Coaching. Ich erkläre ihr die Dynamik der Abhängigkeit und Unabhängigkeit. So versteht Marie, was die Krankheit ihres Mannes mit ihrem Wunsch zu tun hat, wieder auf der unabhängigen Seite der Beziehung zu stehen. Marie kann sehen, dass sie sowohl ihren Mann als auch ihr Kind schon seit einiger Zeit energetisch vernachlässigt. Sie hat sich so sehr in ihr Buch zurückgezogen, dass sie die beiden kaum noch spüren kann. Als sie in sich hineinfühlt, spürt Marie, dass sie sich ganz allgemein emotional distanziert hat. Es ist ein Gefühl, das sie sehr traurig macht. Sie hat plötzlich große Sehnsucht nach ihren Lieben. Deshalb entscheidet sie sich dafür, mit ihrer ganzen Energie wieder bei der Familie zu sein. Ihr Buch liest Marie in Etappen fertig. Sie verliert sich aber nicht mehr darin, weil ihr die energetische Verbindung zu ihrer Familie wichtiger ist. Es fühlt sich gut an und Marie ist erleichtert.*

Maries Lesesucht hat zum einen mit Bedürfnissen zu tun, die sie erfüllt haben wollte. Sie wollte wieder einmal etwas „Normales“ tun,

Zeit für sich selbst haben, wieder einmal selbst die erste Priorität in ihrem Leben sein. Das kann ich verstehen, aber dennoch frage ich Marie, wie lange sie noch lesen wollen würde, wenn ihr Mann und ihr Kind deshalb genug von ihr hätten und sie verlassen würden? Kaum wären sie aus dem Haus, wären ihre Bücher natürlich völlig unwichtig. Das Problem ist also deshalb entstanden, weil Marie ihre Prioritäten plötzlich neu gesetzt hat. Meine provokative Frage zielt darauf ab, Marie zum Denken anzuregen: Was ist wirklich wichtiger für sie, hemmungslos lesen oder eine verbundene Familienbeziehung haben? So versuche ich Marie zu zeigen, was sie durch Unabhängigkeit gewinnt beziehungsweise in ihrem Fall verliert.

## Prioritäten

Wenn wir uns energetisch von unserer Familie oder der Beziehung abtrennen, weil wir unabhängig werden und dadurch ein Bedürfnis erfüllt haben wollen, können wir einander nicht mehr spüren. Wir werden egoistisch und wollen bestimmen, wie die Dinge laufen sollen. Wir nehmen uns den Raum, den wir haben wollen. Dabei ist es uns egal, wie sich die anderen fühlen. Dadurch gerät die Beziehung aus der Balance und das führt immer zu Problemen und zu Streit.

Für unseren Wunsch nach Unabhängigkeit bezahlen wir immer auf die eine oder andere Weise. Als Eltern kostet uns Unabhängigkeit vor allem Nerven. Wenn Kinder spüren, dass wir die Verbindung zu ihnen gekappt haben, fangen sie an, „dummes Zeug" zu machen. Sie machen etwas kaputt, fangen an zu kreischen oder gehen uns mit Absicht auf die Nerven, um unsere Aufmerksamkeit wieder zu bekommen. Auch in der Beziehung reagieren wir ähnlich. In Maries Geschichte wurde Jakob eifersüchtig auf Maries Bücher und begann sich zu beschweren. Als er Marie damit nicht vom Lesen abbringen konnte, wurde er schließlich krank. Weil sie nicht bereit war, auf seine Bedürfnisse einzugehen, zwang er sie durch seine Krankheit dazu, sich um ihn zu kümmern.

Unser Wunsch nach Unabhängigkeit kann sehr mächtig werden. Aber der Preis dafür ist hoch. Lohnt es sich wirklich, diesen Preis zu zahlen? Am Ende ist unsere Entscheidung eine Frage der Prioritäten. Wollen wir unabhängig sein, Recht haben und unsere Bedürfnisse erfüllt haben oder wollen wir Verbindung eingehen und dadurch Frieden, Harmonie, Gemeinschaft, Fülle und Glück erleben?

*Es ist klar, was Marie wirklich will, denn sie liebt ihren Mann. Manchmal brauchen wir eine kleine Erinnerung daran, wo unsere Prioritäten in Wahrheit liegen. Natürlich will Marie vor allem, dass es ihrem Mann und ihrer Familie gut geht. Denn dann geht es auch ihr gut.*

*Deshalb ist Marie motiviert, ihren energetischen Rückzug aufzugeben. Das bedeutet aber nicht, dass sie ihre Wünsche aufgeben oder sich aufopfern soll. Ich schlage ihr vor, nach dem Abendessen nicht sofort aufs Sofa zu verschwinden, sondern für einen Moment am Tisch sitzen zu bleiben. Jakob und sie können ihre Verbindung untereinander spüren, wenn Marie fragt, wie es ihm geht, und sie über ihren jeweiligen Tag sprechen. Es kostet nur sehr wenig Zeit, einen Moment lang konzentriert zuzuhören, energetisch da zu sein, das Herz zu öffnen und den anderen spüren zu lassen, dass er wirklich wichtig ist. Sobald Jakob auf diese Weise spürt, dass Marie präsent ist, fühlt er sich geliebt. Dann ist alles in Ordnung. Manchmal entsteht aus solchen Augenblicken ein intimer Abend, den beide genießen. An anderen Abenden möchte auch Jakob etwas für sich selbst tun. Dann kann Marie zu ihrem Buch aufs Sofa gehen, ohne dass die energetische Verbindung dadurch abbricht. Die Herausforderung für Marie besteht darin, „durch" ihr eigenes Bedürfnis hindurch zu geben, was sie selbst haben möchte: Liebe, gesehen werden, ernst genommen werden, wichtig sein, Sicherheit und Verbundenheit.*

**Partnerschaft hat
Potenzial für Glück.**

## Verbindung wirkt Wunder

Ob wir nun als arbeitende Mütter glücklich werden, uns zu Hause um die Kinder kümmern oder beides tun: Unsere Entscheidung hängt nur wenig von äußeren Faktoren ab. Zufriedenheit, Glück und Erfüllung haben vielmehr damit zu tun, welchen Sinn unser Handeln hat und welchen emotionalen Wert wir dadurch für uns selbst zu empfangen bereit sind. Glücklich fühlen wir uns dann, wenn wir in Verbindung sind. Glück ist also eine Frage unserer Sichtweise, unserer Prioritäten und unserer Bereitschaft, zu geben und zu empfangen. Das bedeutet, wir wollen Bedürfnisse loslassen, Urteile auflösen, damit aufhören, Recht haben zu wollen, und die abhängige Seite einer Beziehung nutzen, um Leichtigkeit und Fülle in unsere Familie zu bringen. Glück hat damit zu tun, dass wir akzeptieren können, uns in die Hände unseres Partners oder unserer Partnerin zu geben und zu vertrauen – auch in finanziellen Dingen. Glück liegt darin begründet, dass wir uns gegenseitig unterstützen und aus unserer Beziehung eine ebenbürtige Partnerschaft machen, in der beide ihre Talente bestmöglich in die Gemeinschaft eingeben. Partnerschaft bringt uns Fülle auf allen Ebenen des Lebens, sowohl auf der emotionalen als auch auf der materiellen Ebene. Wenn wir gemeinsam unterwegs und verbunden sind, verdoppelt sich die Energie, die wir in unsere Beziehung und in unsere Familie investieren. Genau genommen vermehrt sie sich sogar um ein Vielfaches. Wenn zwei Menschen eine Vision haben und ihren Geist gemeinsam auf dieses Ziel ausrichten, sind Wunder möglich. Allein können wir es nie schaffen, so große Träume zu erfüllen wie den Traum vom eigenen Haus, vom neuen Job oder von der glücklichen, verbundenen Familie. Aber gemeinsam ist es möglich. Darin liegt das Potenzial der Partnerschaft. Es kommt aus unserer Bereitschaft, gegenseitig zu geben und zu empfangen. So leben wir Verbindung, durch die Wunder geschehen können.

# Kapitel 4

## Wenn Eltern streiten

Kaum etwas hinterlässt bei Kindern größere emotionale Verletzungen als heftiger Streit zwischen den Eltern. Wenn Mutter und Vater streiten, fühlen sich Kinder entwurzelt und verängstigt. Die Verbindung, die zwischen Eltern besteht, bildet die emotionale Basis der Familie. Sie ist der Anker der Geborgenheit und die Garantie für Sicherheit. Diese Basis hält alles zusammen, egal was gerade im Außen geschieht. Wenn Kinder keine Verbindung mehr zwischen den Eltern fühlen können, weil Mama und Papa heftig streiten, reagieren sie meist mit starken Emotionen wie Verzweiflung oder Angst. Die Heftigkeit dieser Emotionen führt oft zu einem Trauma. Wenn ich mit Menschen an solchen Kindheitstraumata arbeite, erzählen sie mir oft, dass sie vor allem davor Angst hatten, die ganze Familie würde kaputtgehen. Es fühlte sich für sie so an, als würden sie das Dach über ihrem Kopf verlieren. Tatsächlich gehört schlimmer Streit zwischen den Eltern zu den häufigsten Gründen, weshalb Kinder Traumata erleiden. Manchmal gehen solche Streitereien einer Trennung oder Scheidung voraus. Streit zwischen Eltern kann aber auch ohne ein zusätzliches Scheidungstrauma tiefe Kerben in der emotionalen Erinnerung von Kindern verursachen.

*Ich kann mich selbst gut daran erinnern, dass meine Eltern öfter gestritten haben. Meine kleine Schwester fing immer an zu weinen. Offenbar versuchte sie, die Aufmerksamkeit auf sich zu lenken, um den Streit dadurch zu beenden. Ich selbst war wie paralysiert und habe mich auf mein Bett zurückgezogen, mich versteckt. Ich hatte jedes Mal große Angst, dass unsere Familie diesmal für immer auseinanderfallen würde. Als ob ich mich dadurch vor dem Schlimmsten schützen könnte, habe ich mir die Ohren zugehalten und einfach nur gehofft, dass es bald vorbei sein würde. Die eisige Atmosphäre zwischen meinen Eltern nach einem Streit war schrecklich. Sie schnitt mir ins Herz. Ich fühlte mich verlassen und einsam. Meistens versuchte ich, die eiskalte Stimmung aufzuwärmen, indem ich mich gut benahm, besonders brav und hilfsbereit war. Aber das ist mir nur selten gelungen.*

Wenn wir als Erwachsene heftig streiten, erleben wir manchmal ein sogenanntes „Flashback". Wir kommen durch das, was wir sehen, hören und spüren, wieder in Kontakt mit den alten Emotionen, die wir als Kind in ähnlichen Situationen abgespeichert haben. Das Ereignis führt uns also blitzartig zurück (engl. flash = Blitz, engl. back = zurück) in die Emotionen unserer Vergangenheit. Das passiert vor allem dann, wenn wir in der Beziehung Streit bekommen, die für uns Erwachsene normalerweise der Ort innerer Sicherheit und Geborgenheit ist. Wenn dieser sichere Hafen durch Streit ins Wanken gerät, können alte Emotionen wie Angst, Verzweiflung oder Hoffnungslosigkeit plötzlich wieder sehr heftig in uns aufflammen. In der Regel lernen wir im Laufe unseres Lebens, mit solchen „Flashbacks" zurechtzukommen. Aber immer wieder gibt es Situationen, in denen uns diese Emotionen total aus der Bahn werfen. Unsere Wut wird dann auf einmal so groß, dass wir als Reaktion darauf reflexartig mit Worten oder auf eine andere Weise um uns schlagen. Manchmal stehen wir deshalb innerhalb von Sekunden vor einem Scherbenhaufen. Dieser besteht entweder aus echtem Porzellan oder aber aus einem zerschlagenen Traum, Enttäuschung, Verlust und anderen schmerzhaften Emotionen.

Dazu kommen Schuldgefühle. Wir wollten es doch eigentlich anders machen, besser als unsere Eltern. Wir wollten doch nie so heftig streiten, schon gar nicht, wenn es die Kinder mitbekommen. Hilflosigkeit und das Gefühl der Sinnlosigkeit lässt viele Eltern in solchen Situationen verzweifeln. Was ist eigentlich los bei uns? Warum ist es bei uns so schlimm? Ich halte das nicht mehr aus, aber ich weiß nicht, was ich tun kann.

In diesem Kapitel möchte ich dir zeigen, wie du anders mit Wut, Aggression und dem Bedürfnis, dir durch Streit Luft zu machen, umgehen kannst. Wir können lernen, so zu streiten, dass Streit kein neues Trauma verursacht. Dazu müssen wir zuerst verstehen, woher unsere Wut eigentlich kommt und was sie mit unseren Kindheitsemotionen zu tun hat. Die Übungen in diesem Kapitel sind darauf ausgerichtet, Emotionen zu spüren und loszulassen, anstatt von ihnen überwältigt zu werden. So können wir lernen, Wut zu fühlen, ohne sie zu unterdrücken oder durch einen Wutanfall zu entladen. Am Ende geht es darum, schneller zu merken, dass wir überhaupt wütend und schon am Streiten sind. So können wir Wege finden, Streit zu beenden, bevor er uns und unseren Kindern Probleme macht.

## Streit muss keine Katastrophe sein

Manchmal passiert es einfach: Wir schreien Menschen an, die wir lieben. Wir schlagen die Tür hinter uns zu, obwohl wir Nähe bräuchten. Wir bleiben stumm, wo wir doch so viel mitteilen möchten. Wir tun Dinge, die wir gar nicht tun wollten, und sagen Worte, die wir gar nicht so meinten. Wir glauben, nicht aussprechen zu dürfen, wie es uns geht, weil wir fürchten, dadurch Schwierigkeiten zu bekommen oder missverstanden zu werden. Manchmal scheinen unsere Gefühle und unsere Sprache einfach nicht zueinanderzufinden. Die Ereignisse reißen uns mit, bevor wir verstanden haben, wie es uns in unserem Herzen geht. Solche Dinge passieren in jeder Beziehung und in jeder Familie. Niemand von uns ist perfekt und keiner hat sich jede Sekunde seines Lebens im Griff. Manchmal kochen wir einfach über. Wenn wir gestresst sind, uns dünnhäutig fühlen oder einfach besonders müde sind, reicht oft eine Kleinigkeit und es gibt Streit.

*Als unsere Kinder klein waren, kam es öfter vor, dass mein Mann und ich gestritten haben. Ich war den ganzen Tag zu Hause, stundenlang mit den Kindern allein und manchmal fiel mir einfach die*

*Decke auf den Kopf. Wie viele Mütter mit kleinen Kindern hatte auch ich zu wenig Kontakt zu anderen Menschen, zu wenig Austausch, zu wenig Hilfe. Deshalb fiel ich manchmal aus meiner Mitte und geriet innerlich in Schieflage. Meistens zeigte sich das durch ein Gefühl der Unzulänglichkeit, das mich sehr unzufrieden machte. Ich hatte dann den Eindruck, dass ich nicht gut genug war. Mir kam es so vor, als hätte ich es nicht im Griff mit den Kindern und dem Haushalt. Dann wollte ich raus aus dem Hausfrauendasein, zurück in den Job, zurück in meine gewohnte Welt. Als Reaktion auf meine Unzufriedenheit erwartete ich, von meinem Mann das zu bekommen, was mir fehlte: Unterstützung, Wertschätzung und Anerkennung. Wenn er aber nicht sofort und vor allem nicht genau so, wie ich es haben wollte, meinem Wunsch nachkam, wurde ich sauer. Dann kritisierte ich ihn, hatte Erwartungen, stellte Forderungen und war mit nichts zufrieden. Natürlich führte das zum Streit.*

## Aktive und passive Aggression

Wenn wir aus unserer Mitte fallen, haben wir keinen Halt mehr in uns selbst. Wir spüren die Verbundenheit nicht mehr, die uns mit anderen und mit uns selbst in Beziehung bringt. Dadurch verlieren wir auch das Gefühl, in Sicherheit zu sein und geliebt zu werden. Auf diesen Verlust reagieren alle Menschen unterschiedlich. Eine sehr typische Reaktion ist Wut. Aber auch Wut äußert sich bei jedem anders.

*Ich gehöre zu den Menschen, die sichtbar und hörbar wütend werden. Bevor ich gelernt habe, mit Wut umzugehen, habe ich meinen Mann und meine Kinder manchmal angeschrien. Das war ziemlich schlimm für mich. Ich hatte große Schuldgefühle und habe mich selbst für mein Versagen angegriffen. Dummerweise wurde dadurch alles noch schlimmer, denn Selbstangriff und Schuld führten dazu, dass ich mich innerlich zurückzog, obwohl ich nach außen im Angriff war. Mein Wutanfall endete meist damit, dass ich mich schuldbewusst in ein anderes Zimmer zurückzog und mich für eine Weile versteckte.*

Offene Aggression äußert sich am häufigsten dadurch, dass wir laut werden. Manchmal gehen sogar Gegenstände kaputt oder es kommt zu Handgreiflichkeiten. Ein offen-aggressiver Wutanfall ist schon aufgrund seiner Lautstärke leicht zu erkennen. Aber genauso häufig leben Menschen ihre Wut still und beinahe unsichtbar aus. Denn für die meisten Menschen ist es ein Tabu, die Kontrolle über ihre Emotionen zu verlieren und lauthals wütend zu werden. Deshalb unterdrücken sie ihre Wut, so gut es geht. Sie finden andere Ausdrucksformen für ihre Aggression, die nicht offensichtlich, sondern versteckt und passiv sind. Die häufigste Ausdrucksweise passiver Aggression ist der Rückzug. Etwa, wenn wir uns physisch zurückziehen, indem wir wortlos in ein anderes Zimmer oder aus dem Haus gehen. Oder wir ziehen uns innerlich zurück, zum Beispiel wenn wir hartnäckig schweigen oder dem Gegenüber ausweichen. Auch diese Arten des Rückzugs sind eine Form des aggressiven Streits, die emotionalen Schmerz verursacht. Dieser Schmerz hat vor allem damit zu tun, dass die Distanz zwischen uns so groß wird. Gerade Kinder fühlen sich hilflos und verlassen, wenn ihre Eltern passiv-aggressiv in Rückzug gehen.

Eine andere typische Art, Wut passiv-aggressiv auszuleben, besteht darin, sie zu verstecken. Es sieht zunächst sehr zivilisiert aus, wenn wir uns alle Mühe geben, unseren inneren Aufruhr zu verbergen. Aber auch wenn wir unsere Emotionen nicht zeigen, sind sie deshalb nicht weg. Wir bleiben zwar äußerlich ruhig, aber innerlich „kochen“ wir vor Wut. In der Schweiz nennt man dieses Verhalten „die Faust im Sack machen“. Das bedeutet, wir verstecken unsere geballte Faust in der Hosentasche und hoffen, dass es niemand bemerkt. Solche Sprichwörter zeigen sehr schön, dass wir Emotionen gerne „unter den Teppich kehren“, um ihnen aus dem Weg zu gehen: weil wir glauben, dann besser dazustehen oder überlegen zu sein.

Vor allem wenn wir offene Wut stark verurteilen, neigen wir dazu, Streit schon im Voraus aus dem Weg zu gehen. Wir meiden Situationen, die zu Streit führen könnten, oder versuchen, Emotionen zu kompensieren, die uns wütend machen. Auch das ist eine passiv-aggressive Art, mit Konflikten umzugehen. Dafür betreiben wir einen erheblichen Energieaufwand. Denn Vermeidung und Kompensation bedingen, dass wir Emotionen und Wut unterdrücken müssen, um unerwünschte Konflikte zu verhindern. Weil das oft unbewusst und im Stillen geschieht, merken wir manchmal selbst nicht, dass wir bereits wütend sind, uns aggressiv verhalten und der Streit schon begonnen hat.

Ein weiterer, noch stärkerer Ausdruck passiver Aggression ist die Resignation. Sie ist eine besonders intensive Form des inneren Rückzugs. Wenn wir resignieren, haben wir uns so weit abgekapselt, dass wir kaum noch erreichbar sind.

Nochmals andere Facetten des passiv-aggressiven Wutanfalls sind Zynismus und Ironie. Durch bissige Bemerkungen machen wir unserer Wut Luft. Für Eltern ist es besonders wichtig, sich bewusst zu machen, dass Kleinkinder Zynismus und Ironie noch nicht verstehen können. Es fehlen ihnen die kognitiven Fähigkeiten, diese Art der Kommunikation zu verarbeiten. Trotzdem spüren Kinder aber sehr wohl den emotionalen Angriff, der hinter den passiv-aggressiven Worten steckt.

Auch wenn wir uns passiv-aggressiv verhalten und versuchen, unsere Emotionen im Zaum zu halten, geht unsere Wut energetisch nach außen. In passiver Aggression steckt die gleiche explosive Energie, die sich im offen ausagierten Wutanfall nur sichtbarer zeigt. Deshalb ist auch das Unterdrücken unserer Wut in Wahrheit ein Angriff. Mit Wut passiv-aggressiv umzugehen mag uns zivilisierter erscheinen, als Geschirr an die Wand zu werfen, aber ihre Kraft kann genauso verletzend und zerstörerisch sein. Deshalb kommt es trotzdem zum Streit, obwohl wir ihn eigentlich zu vermeiden versuchen.

Passiv-aggressive Versuche, Streit zu vermeiden, entwickeln gelegentlich ein interessantes Eigenleben. Mir ist es schon passiert, dass ich meine Wut so sehr unterdrückt habe, dass es am Ende mein Mann war, der explodiert ist, obwohl er normalerweise der Gelassenere von uns beiden ist. Wenn sich Wut und negative Emotionen in einer Beziehung anstauen, entlädt sich die Spannung auf irgendeine Weise.

## Unsere Wut entdecken

Ob wir Wut eher aktiv oder passiv-aggressiv ausleben, ist größtenteils eine Frage kultureller Erziehung. Familien entwickeln und vererben unterschiedliche Streitkulturen, so wie auch in verschiedenen Ländern unterschiedlich mit Wut und negativen Emotionen umgegangen wird. Je nachdem, wie wir aufgewachsen sind, kommen wir mit der einen oder anderen Art, Wut zu zeigen, besser oder schlechter zurecht. Manchen Menschen fällt es schwer zu erkennen, dass sie überhaupt Wut empfinden. Wenn wir Aggression und Wut sehr stark verurteilen, legt sich dieses Urteil wie ein Schleier über unsere Selbstwahrnehmung. In manchen Menschen beobachte ich die Gewohnheit, so sehr beherrscht zu sein, dass sie selbst nicht mehr merken, wie wütend sie eigentlich sind. Die Energie der Wut und die zerstörerische Kraft der Aggression sind trotzdem da, egal wie gut wir sie verstecken oder wie blind wir selbst für sie sind.

Wenn wir Streit vermeiden wollen, müssen wir also zuerst darüber nachdenken, wie wir uns verhalten, wenn wir wütend sind. Was bringt dich auf? Wann hast du einen „dicken Hals“? Welcher Typ bist du: Streitest du eher passiv oder aktiv? Auch wenn wir Aggression im Verhalten anderer Menschen sehen, kann dies ein Schlüssel für unsere Selbstwahrnehmung sein. Denn in den anderen können wir nur Anteile sehen, die auch wir selbst besitzen. Dieses Phänomen, das Projektion genannt wird, erkläre ich ausführlich im Kapitel „Familiendynamik erkennen und auflösen“. Wenn wir uns selbst eine Zeit lang beobachten, entwickeln wir mehr Aufmerksamkeit dafür, was Wut mit uns macht. Das ist keine schöne Aufgabe. Aber nur wenn wir unsere Wut wahrnehmen, können wir sie fühlen und loslassen.

Es ist auch deshalb wichtig, unser Gespür für unsere eigene Wut zu schärfen, weil sich jeder Wutanfall nicht nur nach außen, sondern auch gegen uns selbst richtet. Wenn wir dauerhaft passiv-aggressiv sind und unsere Wut unterdrücken, spalten wir die Emotionen, die uns wütend machen, ab. Im Versuch, unsere Wut in den Griff zu bekommen, ersticken wir sie. Mit der Zeit ersticken wir dadurch auch unser Herz, das die Quelle ist, aus der sowohl negative Emotionen als auch positive Gefühle fließen. Wenn wir unsere Fähigkeit, negative Emotionen zu spüren, bewusst verkümmern lassen, verblasst deshalb auch unsere Wahrnehmung für positive Gefühle. So stumpfen wir ab und empfinden immer weniger, bis wir uns innerlich tot fühlen. An diesem Punkt erscheinen uns auch die schönen Aspekte des Lebens schal und farblos. Unser Leben wird trist und das macht uns bitter.

Außerdem ist es so, dass auch verdrängte Emotionen und tief unterdrückte Wut nicht verschwinden. Früher oder später entlädt sich der Druck, der sich angestaut hat, egal wie viel Kontrolle wir über uns selbst zu haben glauben. Dann haben wir so etwas wie einen emotionalen Kurzschluss. Unser Wutanfall bricht explosionsartig aus wie ein Vulkan. Er kommt völlig überraschend, auch für uns selbst. Weil plötzlich derart viel Energie aus uns herausbricht, legen wir durch unsere Wut alles um uns herum in Schutt und Asche.

## Extreme Pole aktiver und passiver Aggression

Wut hat viele Gesichter und manchmal wird sie zum Extremfall, zum Beispiel dann, wenn wir unsere Kinder schlagen oder andere Formen von Gewalt anwenden. Wenn du erkennst, dass du deine Wut öfter durch Gewalt auslebst, solltest du Hilfe holen. Denn dann sind deine Wutemotionen so stark, dass du sie nicht ohne fremde Hilfe bewältigen kannst. Das gilt auch dann, wenn du die Wutanfälle auf eine extrem passiv-aggressive Weise ausagierst, etwa wenn du dich deinen Kindern durch Rückzug total verweigerst, obwohl sie offensichtlich Hilfe brauchen. Stundenlang nicht mehr mit Kindern zu sprechen oder sie für lange Zeit im Ungewissen allein zu lassen ist ebenfalls eine Form der Gewalt. Kinder brauchen die Sicherheit, dass Mutter oder Vater wiederkommen. Wenn Eltern den Kindern ihre Liebe entziehen oder sie durch Vernachlässigung verwahrlosen lassen, ist das genauso schlimm wie Schläge.

Die extremste Form passiv-aggressiven Rückzugs ist Suizid, denn Selbstmord verursacht den ultimativen Bruch. Er bedeutet die finale und kompromisslose Flucht an einen Ort, wo uns niemand mehr erreichen kann. Suizid passiert, wenn Menschen keinen Ausweg mehr sehen und die Ereignisse und Emotionen, mit denen sie konfrontiert werden, nicht mehr aushalten können. Sie begehen Suizid, um sich endgültig aus dem Spiel zu nehmen. Es ist eine tragische und trotzdem eine passiv-aggressive Entscheidung.

Dies sind extreme Beispiele. Doch auch die weniger extremen Formen von aktiver und passiver Gewalt kommen in Familien hinter verschlossenen Türen viel zu oft vor. Leider holen sich Eltern, die gewalttätig werden oder Gewalt in ihrer Familie erleben, oft sehr spät Hilfe. Es muss aber nicht erst das Schlimmste eintreffen, bevor wir die Legitimation haben, Hilfe in Anspruch zu nehmen. Wenn Menschen wenig positive Lebenserfahrung haben oder nicht auf die Unterstützung durch ihr Umfeld zählen können, kann das Elternsein auch zur Überforderung werden. Dabei liegt die größte Hürde gar nicht darin, ein geeignetes Hilfsangebot zu finden. Viel größer ist bei uns Eltern oft die Scham darüber, dass etwas aus dem Ruder läuft und ein Hilferuf notwendig ist.

## Wut ist nicht nur negativ

Der erste Schritt, Wut aufzulösen und Streit zu vermeiden, besteht also darin, ehrlich mit uns selbst zu sein. Wie verstecken wir unsere Wut? Wie leben wir sie aus? Vielleicht sind diese Fragen für dich ganz einfach zu beantworten. Vielleicht ist dir aufgefallen, dass du Wutanfälle sowohl aktiv als auch in einer passiven Form ausagierst. Vielleicht fällt es dir immer noch schwer zu erkennen, dass du überhaupt wütend bist und dies der Grund für euren Streit ist. Wenn wir einen besseren Weg finden wollen, müssen wir den Mut aufbringen, unserer Wut ins Auge zu sehen. Denn nur was wir in unser Bewusstsein holen, können wir auch verändern. Die meisten Menschen, mit denen ich arbeite, verurteilen Aggression und Wut. Sie sehen in Wut und Streit grundsätzlich etwas Schlechtes und Verwerfliches. Für manche ist Wut regelrecht ein Tabu. Aber Wut ist auch ein Ausdruck dafür, dass uns etwas nicht passt, weil es nicht gut für uns ist. Daher steckt in Wut auch sehr viel Energie, die zu positiver Veränderung führen kann.

*Bei Sarah und Cornelius gibt es selten Streit. Aber wenn es kracht, ist es Sarah, die wutentbrannt herumschreit. Dann lässt sie keinen Stein auf dem anderen. Manchmal verwendet sie in ihrer Rage Worte, die sehr verletzend sind und die sie hinterher bereut. Cornelius ist ein ruhiger und eher zurückgezogener Typ. In seiner Familie wurde nie offen gestritten. Konflikte wurden immer auf passiv-aggressive Weise ausgetragen. Deshalb erschüttern ihn Sarahs Wutanfälle. Im Laufe der Zeit hat das Paar aber gelernt, dass es für diese heftigen Ausbrüche immer einen sehr wichtigen Grund gibt. Meistens geht es darum, eine große Veränderung in Angriff zu nehmen, die längst überfällig ist. Sarahs Wutanfälle hatten zum Beispiel damit zu tun, dass Cornelius sich weigerte, medizinische Abklärungen vorzunehmen, als sich das Paar vergeblich ein Kind wünschte. Diese Phase war von enormer Wichtigkeit im Leben des Paares. Alle Versuche, die Sarah mehr oder weniger allein unternahm, scheiterten. Erst als Cornelius mit seiner ganzen Energie dabei war und hinter dem Kinderwunsch stand, wurde Sarah schwanger.*

Wut kann also auch ein Katalysator für sehr positive Dinge sein. In der hinduistischen Tradition gibt es zum Beispiel die Göttin Kali. Ihre Energie ist gewaltig und zerstörerisch, aber sie setzt ihre Kräfte ein, um Erneuerung möglich zu machen. Etwas zerstören, das nicht mehr taugt, ist deshalb grundsätzlich keine schlechte Idee. Schlimm ist es nur, wenn es beim Zerstören bleibt und keine Absicht besteht, dadurch etwas Besseres aufzubauen. Wut richtet vor allem dann Schaden an, wenn sie unbewusst bleibt und in erster Linie dazu dient, dem eigenen Schmerz Ausdruck zu verleihen. Wir können aber auch konstruktiv mit der Energie umgehen, die in unserer Wut steckt. Dafür müssen wir unsere Wut ins Bewusstsein holen. Wir müssen sie spüren können. Wenn wir in unsere Wut hineinfühlen, werden wir feststellen, dass unter der Wut andere Emotionen liegen. Diese negativen Empfindungen und der Schmerz, den sie verursachen, sind der eigentliche Grund für unseren Wutausbruch.

## Wut ist eine „Deckelemotion"

Wenn wir wütend werden, sind wir voller Emotionen. Diese Emotionen haben zum Beispiel mit Angst zu tun oder mit emotionalem Schmerz, weil wir uns abgewiesen, missverstanden, ignoriert, verlassen oder gedemütigt fühlen. Wut ist in erster Linie ein Zeichen dafür, dass uns starke negative Emotionen belasten und uns an die Grenzen des Erträglichen bringen. Allerdings sind uns diese Emotionen meistens nicht bewusst, denn viele davon sind schon sehr alt. Oft haben sie mit einem Trauma unserer Kindheit zu tun.

Diese alten Traumaemotionen sind so schmerzhaft, dass wir sie ins Unterbewusstsein auslagern. Wir verdrängen sie, weil wir sie nicht mehr fühlen wollen. Sie brechen aber durch die Oberfläche, wenn wir eine Situation erleben, die uns unbewusst an das alte Trauma erinnert. Solche sogenannten „Flashbacks" aktivieren unsere verdrängten Emotionen urplötzlich. Es kommt zum Knall, der mehr oder weniger laut ist, je nachdem wie viel Schmerz wir verdrängt haben. All das geschieht unkontrollierbar und unbewusst. Als Reaktion auf die Wucht dieser alten Emotionen empfinden wir Wut. Sie ist ein Versuch, den emotionalen Schmerz zu überdecken. So als würde man einem Topf mit einer stinkenden Flüssigkeit schnell den Deckel aufsetzen. Der Wutanfall soll unsere schmerzhaften Emotionen unter dem Deckel halten, sodass wir sie nicht fühlen müssen. Deshalb beschreibe ich Wut gerne als „Deckelemotion", auch wenn Wut eigentlich keine Emotion, sondern eher eine Reaktion ist. Sie ist nicht der Grund für unser emotionales Überkochen, sondern die Strategie, mit der wir versuchen, die Kontrolle über unser Empfinden wiederzuerlangen.

## Ungelöste Emotionen verursachen Streit

Zum Streit kommt es also gar nicht deshalb, weil wir wütend sind, sondern weil uns die alten Emotionen so wehtun. Sie sind uns aber nicht bewusst und deshalb ist während des Streits oft gar nicht klar, warum wir eigentlich so wütend sind.

*Bei Martin und Maria gibt es oft Streit, weil Martin regelmäßig vergisst, die Haustür abzuschließen. Er geht als Letzter ins Bett und deshalb findet Maria, dass es seine Verantwortung ist, abzuschließen. Vordergründig geht es beim Streit um Martins lästige Vergesslichkeit. In Wahrheit weckt diese Nachlässigkeit bei Maria aber Existenzangst. Denn Maria fürchtet sich vor Einbrechern. Sie findet, dass diese Angst berechtigt ist und Martin deshalb auf sie Rücksicht nehmen sollte. Erst als ich einen Zusammenhang herstelle zwischen Marias Angst vor Einbrechern und einem alten Kindheitstrauma, das sie noch nicht aufgelöst hat, versteht sie, warum Martins Nachlässigkeit immer zum Streit führt: Maria hat ein enormes Bedürfnis nach Sicherheit. Sie möchte, dass Martin ihr dieses Bedürfnis erfüllt, indem er zuverlässig die Tür abschließt. Ich erkläre ihr, dass das so aber nicht funktionieren kann, denn Bedürfnisse können wir uns nur selbst erfüllen. Deshalb arbeite ich mit Maria an ihrem Kindheitstrauma. Im Verlauf des Prozesses kann sie ihre alte Furcht vor Übergriffen auflösen, denn daraus stammt ihr Gefühl der Existenzangst. Nachdem Maria diese Angst losgelassen hat, hört das Paar auf, über das Thema Haustür zu streiten. Maria hat nicht länger das Bedürfnis, dass Martin ihr Sicherheit geben muss. Sie versteht, dass dieses Bedürfnis mit ihrer eigenen Geschichte zu tun hat und sie ihre Angst loslassen kann. In der folgenden Zeit kontrolliert Maria manchmal selbst die Haustür, wenn neue Schichten ihrer alten Angst an die Oberfläche kommen. Sie erwartet nicht länger, dass Martin dafür die Verantwortung übernimmt. Fast immer hat Martin aber bereits abgeschlossen.*

Auch durch meine eigene Geschichte habe ich gelernt, dass Wutanfälle mit alten, ungelösten Emotionen zu tun haben.

*Früher waren viele meiner Beziehungen schwierig und ich war oft wütend. Mit der Zeit erkannte ich, dass unter meiner Wut Emotionen, Bedürfnisse und Traumata lagen, die ich in meiner Kindheit unter anderem durch Streit zwischen meinen Eltern angehäuft hatte. Nach und nach konnte ich diese Emotionen anerkennen und auflösen. Trotzdem kam es manchmal zum Streit mit meinem Mann, aber ich wusste nun, dass das Thema des Streits nicht der wahre Grund für den Konflikt war. Das hat mir geholfen, den Streit zu relativieren und früher zu beenden.*

Wenn wir die Heftigkeit unserer Wutanfälle mildern und Streit ganz allgemein seltener werden lassen wollen, müssen wir uns um die unbewussten Emotionen kümmern, die unter unserer Wut liegen. Bleiben wir oberflächlich im Wutanfall stecken, drücken wir diese Emotionen nur erneut nach unten. Dann dauert es nicht lange, bis der nächste Wutanfall kommt. Wutanfälle machen uns immer auf eine Weise hilflos, denn wir fühlen uns nicht verstanden. Genau genommen ist unsere Reaktion ja oft ungerechtfertigt und überzogen. Statt unsere Wut zu verurteilen, können wir sie als Hinweis auf wunde Stellen in unserem Inneren verstehen. Wut zeigt, dass uns etwas quält, das geheilt werden möchte. Statt von den anderen zu erwarten, dass sie diese Heilung vollbringen, müssen wir selbst in unsere Emotionen eintauchen und sie auflösen. Dabei helfen dir sowohl die „Joining"-Technik, die ich im Kapitel „Probleme sind nicht in Stein gemeißelt" beschreibe, als auch die Übungen am Ende dieses Kapitels.

## Die Dynamik des Wutanfalls

Bevor wir ins Loslassen von Emotionen eintauchen, möchte ich erklären, was bei einem Wutanfall genau abläuft. Ein Wutanfall hat eine eigene, besondere Dynamik. Wenn wir die vier Stufen dieser Dynamik verstehen, können wir leichter erkennen, dass wir in einem Wutanfall stecken. So haben wir die Chance, die Dynamik zu durchbrechen und den Streit schneller zu beenden.

Am Anfang des Wutanfalls steht der aggressive oder passiv-aggressive Angriff. Wir schreien, zerstören oder schweigen und ziehen uns zurück. Wie unser Wutanfall auch aussehen mag, er hat zum Ziel, allen zu zeigen, dass es uns schlecht geht. Eigentlich sagen wir mit unserem Angriff: „Bitte, hilf mir doch!" Das Problem dabei ist, dass die Energie des Wutanfalls immer aggressiv ist. Deshalb ist auch die Reaktion auf unseren „Hilferuf" fast immer aggressiv.

Unser Gegenüber schreit zurück oder geht beleidigt aus dem Zimmer und lässt uns sitzen. Das Unglückliche bei solchen wütenden Angriffen ist, dass sie sich in der Regel gegen jene Menschen richten, die wir am meisten lieben: unsere Kinder, Partner und Eltern.

Wenn wir mit einem aggressiven Angriff um Hilfe bitten wollen, müssen wir uns fragen, wie viel Erfolg wir von dieser Strategie erwarten können. Wer möchte mir schon helfen, wenn ich angreife? In der Regel verstehen die anderen gar nicht, dass ich Hilfe suche. Sie können ja nur den Angriff wahrnehmen. Wenn wir aber verstehen, dass jeder Angriff – aus psychologischer Perspektive – immer ein Hilferuf ist, können wir eine andere Form der Kommunikation wählen. Wir können selbst anfangen zu helfen, wenn uns jemand anschreit, statt zurückzuschreien und einen Gegenangriff zu starten. Kommen wir anderen in ihrer Wut zu Hilfe, entschärft sich das Drama sofort. Der Angriff verpufft. Was nicht nur bei Kindern sofort wirkt, sondern auch häufig bei unseren Partnern, ist eine feste, verständnisvolle Umarmung. Damit sagen wir: „Du bist wütend. Was ist los? Wie kann ich dir helfen?"

Kommt uns aber niemand zu Hilfe, geht das Drama des Wutanfalls auf die zweite Stufe. Wir fühlen uns hilflos, denn wir verstehen unsere missglückte Kommunikation dahingehend, dass sich die anderen weigern, unseren Hilferuf zu hören. So bestätigen wir uns selbst, dass uns wieder einmal niemand helfen will! Also haben wir einen neuen „guten Grund", um weiterhin wütend zu sein. Noch dazu fühlen wir uns im Recht. Trotzdem führt ein Wutanfall immer zu Schuldgefühlen. Früher oder später erkennen wir durch die Reaktion auf unser Verhalten, dass wir etwas falsch gemacht haben. Das ist der Auftakt zur dritten Stufe. Weil wir Schuldgefühle nicht gut aushalten können, drehen wir den Spieß schnell wieder um. Wir überzeugen uns davon, dass es eben doch die anderen gewesen sein müssen, die etwas falsch gemacht haben. Wir verdrehen die Situation in unserem Kopf so lange, bis wir überzeugt sind, das harmlose Opfer zu sein. Natürlich bringt uns auch das keinen Frieden, denn Opferemotionen können Streit nicht beenden. Wir sind weiterhin verletzt und erwarten von den anderen, dass sie das Problem lösen.

**Die drei wichtigsten Auslöser für eine Wutreaktion sind Bedürftigkeit, Angst und Schuld.**

Weil uns die Energie des Konflikts und die Hilflosigkeit belasten, empfinden wir alles als sinnlos. Dadurch erreicht das Drama des Wutanfalls seine letzte Stufe. Wie kann es sein, dass es uns so schlecht geht, wo wir doch Recht haben? Außerdem sehen wir, dass es auch den anderen schlecht geht. Meistens sind alle Beteiligten an diesem Punkt verletzt und traurig. Weil wir in Wahrheit wissen, dass es unser Fehler ist, kommen neue Schuldgefühle hoch. Diese Emotionen können sehr stark sein und an Verzweiflung grenzen. Meistens wollen wir uns dann einfach nur verstecken – vor den anderen, vor uns selbst und vor unserer Schuld. Deshalb gehen an diesem Punkt auch jene Menschen in Rückzug, die Wut normalerweise durch offene Aggression zeigen. Vordergründig sieht es so aus, als wäre der Streit dadurch beendet. Diese letzte Phase des Streits durch Rückzug kann aber sehr lange andauern. Es ist eine Phase, in der alle leiden. Die Emotionen sind manchmal so schlimm, dass wir am liebsten sterben würden, um ihnen zu entkommen. Weil das ursprüngliche Problem aber ungeklärt bleibt, flammt die Wut früher oder später erneut auf und alles beginnt von vorn.

## Die Kunst, Streit früh zu beenden

Wenn wir Streit beenden wollen, müssen wir die Dynamik des Wutanfalls durchbrechen. Dazu brauchen wir nicht auf die Hilfe anderer zu warten. Wie ich schon angedeutet habe, können wir bereits in der ersten Stufe des Dramas intervenieren. Voraussetzung dafür ist, dass wir selbst erkennen, dass wir streiten. Wir merken das nicht nur an unserer Wut, sondern auch an den Reaktionen, die unsere Worte und unser Verhalten auslösen. Streit gibt es nur dann, wenn wir angriffslustig aufeinander zugehen. Antworten und Reaktionen der anderen verraten uns immer, mit welcher Energie wir kommuniziert haben. Was wir zu hören bekommen, spiegelt uns energetisch das wider, was wir ausgesandt haben. Wenn wir eine patzige oder passiv-aggressive Antwort bekommen, sollten wir deshalb innehalten: Sie verrät uns nämlich, dass es einen Konflikt gibt, auch wenn wir noch gar nicht wahrgenommen haben, dass wir streiten. Eine passiv-aggressive Reaktion auf unseren unbewussten Angriff kann zum Beispiel so aussehen: Wir bekommen keine klare Antwort, sondern nur ein „Hmmm". Auch nonverbale Reaktionen wie abschätziges Schulterzucken, provokatives Anheben der Augenbrauen oder entnervtes Augenrollen können uns verraten, dass ein Streit im Gange ist. Körpersprache einzusetzen ist auch eine Art zu antworten. Wenn unser Gegenüber unvermittelt das Thema wechselt und von etwas ganz anderem zu sprechen beginnt, ist ebenfalls etwas nicht in Ordnung. Gar keine Antwort zu geben ist passiv-aggressiv und ebenfalls ein Zeichen dafür, dass wir streiten.

## Streit beenden

Wenn wir für die Dynamik des Wutanfalls und die Zeichen eines Streits sensibilisiert sind, können wir schon sehr früh die Entscheidung treffen, den Streit nicht weiter anzuheizen. Aufwühlende Emotionen verleiten uns oft dazu, unserer Wut durch Streit Luft zu machen. Manchmal ist das auch gut so, wenn die Absicht da ist, positive Veränderung zu bewirken. Aber wenn wir merken, dass wir nur Dampf ablassen wollen und zerstören, können wir eine Wahl treffen. Wollen wir streiten oder nicht? Schon allein durch dieses kurze Innehalten kann sich eine Situation verändern. Bereitschaft, unser Handeln zu reflektieren, bringt friedliche Energie. Oft reicht dieses Wenige an positiver Energie aus für eine Öffnung. Wenn wir wollen, können wir also schon bei den ersten Anzeichen eines Streits die Verantwortung für unsere eigenen Emotionen übernehmen und den Weg der Versöhnung einschlagen. Statt anzugreifen, können wir uns zum Beispiel mitteilen und sagen, was wir gerade fühlen. Es hilft auch immer, sich für einen Moment in den anderen hineinzuversetzen und nachzuspüren, was bei ihm eigentlich los ist.

Zum Streiten braucht man immer zwei, aber einen Streit beenden kann einer allein. Selbst wenn wir nicht wissen, wie: Bereitschaft, mit dem Streiten aufzuhören, beendet den Streit, denn diese Entscheidung verändert die Situation. Sie öffnet in uns die Energie der Harmlosigkeit und beeinflusst, was wir sagen und tun. So kann der Streit gar nicht größer werden.

**Wie Streiten harmlos wird:**

1. Erkenne den Streit frühzeitig.
2. Entscheide dich, mit dem Streiten aufzuhören, auch wenn Alternativen oder Lösungen noch nicht erkennbar sind. Allein deine Bereitschaft, einen anderen Weg einzuschlagen, verändert deine Haltung und bringt friedliche Energie in den Konflikt. So kann die Lösung von allein geschehen.
3. Erkenne deine Bedürfnisse.
4. Gib dem anderen, was du von ihm haben möchtest.

## Bedürfnisse erfüllen

Streit hat immer mit Bedürfnissen und Erwartungen zu tun. Wir streiten, weil wir ein Bedürfnis oder eine Erwartung erfüllt haben wollen. Wenn das nicht passiert, sind wir sauer. Irgendjemand muss deshalb einen Schritt machen. Bedürfnisse und Erwartungen, die wir selbst haben, geben uns dabei einen Hinweis, was die anderen von uns bräuchten, um den Streit zu beenden. Meistens hat unser Gegenüber genau die gleichen Bedürfnisse und Erwartungen wie wir selbst. Aus dem Streit heraus auf das Bedürfnis eines anderen einzugehen ist aber nicht einfach. Wir streiten ja, weil wir wollen, dass unser Bedürfnis zuerst erfüllt wird. Unglücklicherweise denken die anderen aber genauso. Da hilft es auch nicht, dass wir glauben, unser Bedürfnis sei größer und wir hätten recht.

*Heike beschwert sich bei mir über ihren Mann. „Würde er mich lieben, würde er mir für meinen Beitrag im Haushalt mehr Anerkennung geben. Er würde mir Blumen schenken, weil ich mir doch so viel Mühe gebe. Unsere Kinder entwickeln sich doch bestens. Das ist mein Beitrag, aber er sieht das einfach nicht." Heikes Mann Thomas findet aber, dass er auch keine Anerkennung dafür bekommt, dass er tagtäglich im Büro den Stress aushält. Das macht er doch auch für die Familie, die ohne sein Einkommen gar nicht überleben könnte. Er findet: „Wenn Heike meinen Beitrag wertschätzt, wertschätze ich auch ihren." Beide finden, dass sie auf ihrer Seite jeweils recht haben und etwas bekommen sollten. In Wahrheit vermissen beide gleichermaßen Anerkennung und Wertschätzung. Sie haben das Gefühl, allein zu sein und keine Unterstützung zu bekommen.*

**Beim Streiten geht es immer darum,**
**wer wessen Bedürfnisse zuerst erfüllt.**

Das folgende Beispiel zeigt ebenfalls, dass unerfüllte Bedürfnisse und Erwartungen zu Streit führen.

*Evelyne will einen Geschirrspüler, aber Jan legt viel Wert auf Nachhaltigkeit und Ökologie. Er will nicht noch eine Wasser- und Stromfressmaschine in der Wohnung haben. Evelyne argumentiert, dass es doch in ihren Aufgabenbereich falle, das Geschirr zu spülen. Deshalb will sie auch entscheiden dürfen. Sie wirft Jan vor, er würde nicht sehen, wie hart sie jeden Tag arbeitet. Sie fühlt sich nicht wertgeschätzt und wie eine Haussklavin behandelt. Im Coaching sprechen beide über ihre Emotionen. Sie teilen mit, wie sie sich vom anderen behandelt fühlen. Dabei kommt heraus, dass das Gefühl, nicht anerkannt und wertgeschätzt zu werden, bei beiden gleich stark ist. Denn Jan bedeutet es sehr viel, ökologisch und nachhaltig zu leben. Er fühlt sich in diesem Bedürfnis nicht gesehen. Eigentlich geht es ihm nicht nur um Nachhaltigkeit. In Wahrheit will er die Welt retten und dazu beitragen, dass die Erde wieder gesund wird. Jan fährt immer mit dem*

*Fahrrad zur Arbeit, obwohl er mit dem Zug viel schneller wäre. Er verzichtet seit Jahren auf ein Auto. Er findet, dass Evelyne seinen Aufwand nicht wertschätzt. Als Evelyne begreift, dass Jans Bemühungen um einen nachhaltigen Lebensstil für ihn wirklich enorm wichtig sind, verändert sich ihr Blick. Sie sieht, dass das Thema der Spülmaschine mit seinem Einsatz für die Zukunft ihrer Kinder zu tun hat. Plötzlich kann Evelyne diesen Beitrag wertschätzen. Auch Jan begreift, wie viel Evelyne eigentlich im Haus macht, wie sehr sie ihm den Rücken freihält. Auch dafür kann er nun Wertschätzung empfinden. Am Ende des Coachings zeigen beide Bereitschaft, einzulenken. Evelyne erklärt sich bereit, von Hand abzuwaschen, weil sie Jans Beitrag für Nachhaltigkeit auch sehr wichtig findet. Sie macht sich dennoch schlau und findet alles heraus, was sie über strom- und wassersparende Spülmaschinen finden kann. Sie zeigt Jan auf, dass ein Geschirrspüler eigentlich viel sparsamer ist, als von Hand zu spülen. Schließlich willigt Jan ein, eine besonders energieeffiziente Spülmaschine zu kaufen. Mit dieser Lösung sind am Ende beide glücklich.*

**Wenn wir auf der emotionalen Ebene miteinander sprechen, entsteht Verständnis füreinander.**

Das folgende Beispiel ist ebenfalls typisch für einen Beziehungsalltag, in dem unerfüllte Bedürfnisse beim Streit eine Rolle spielen.

*Heidi hat nur selten Lust auf Sex. Sie ist ohnehin immer viel zu müde, wenn die Kinder endlich schlafen. In Wahrheit hat ihre Weigerung aber damit zu tun, dass sie das Gefühl hat, nicht mehr wertgeschätzt zu werden. Beat macht ihr nie Komplimente und hat ihr schon lange nichts mehr geschenkt. Früher hat er das getan. Beat fühlt sich beleidigt, weil Heidi keinen Sex mehr mit ihm haben will. Er glaubt, dass seine Frau ihn nicht mehr liebt. Er ist verletzt und wird deshalb immer wortkarger. Mit der Zeit sprechen die beiden nur noch über Notwendiges. Die Verbindung zwischen ihnen wird immer schwächer.*

*„Wenn du wieder mit mir ins Bett gehst, rede ich wieder mehr mit dir", denkt Beat. Heidi denkt: „Wenn du wieder mit mir redest, gehe ich auch wieder mit dir ins Bett."*

*Im Coaching zeige ich den beiden auf, dass sie in einer Pattsituation stecken, in der beide einander erpressen, um zu bekommen, was sie wollen. Beide wollen, dass ihr Bedürfnis zuerst erfüllt wird. Heidi mangelt es an Verbindung durch Kommunikation. Beat wünscht sich Liebe durch Sex. Wenn solche Probleme mit der Sexualität bei Paaren nicht gelöst werden, gehen viele Beziehungen auseinander. Deshalb erkläre ich Heidi, was es für Beat bedeutet, mit ihr Sex zu haben. Aus den zahlreichen Beratungen zu diesem Thema habe ich im Laufe der Jahre gelernt, dass sich viele Männer nur dann wirklich geliebt fühlen, wenn sie die Liebe körperlich erfahren, also wenn sie Sex haben. Heidi will nicht, dass die Beziehung auseinandergeht. Das motiviert sie, Beats Bedürfnis nach Sex als seinen Wunsch zu verstehen, Liebe körperlich zu spüren. Sie willigt ein, den ersten Schritt zu machen. Dass Beat in der Folge wieder mehr mit Heidi spricht und seine Wertschätzung auch gelegentlich durch kleine Geschenke ausdrückt, ist ihr Erfolg. Dadurch, dass Heidi sich für Liebe beim Sex geöffnet hat, ist ihre Beziehung besser geworden, und diesen Schritt auf eine neue Ebene der Partnerschaft genießt sie.*

## Durch bedingungslose Liebe wird Geben und Empfangen ganz leicht

Wenn wir die Bedürfnisse eines anderen Menschen anerkennen und ihm geben, was wir eigentlich von ihm haben möchten, bedeutet das, dass wir gleichzeitig auch unser eigenes Bedürfnis loslassen können. Diese Idee der Gleichzeitigkeit liegt dem energetischen Prinzip des Gebens und Empfangens zugrunde (siehe dazu auch das Kapitel „Berufstätig sein oder zu Hause bleiben?"). Das, was wir geben, erhalten wir auch für uns selbst. Heidi löste ihr Bedürfnis nach mehr Kommunikation dadurch auf, dass sie gab, was sie sich selbst wünschte: mehr Liebe und Verbindung. In diesem Fall waren Liebe und Verbundenheit beim Sex die beste Art, Beat zu geben, was er brauchte, denn sein Bedürfnis nach mehr körperlicher Liebe hatte mit dem gleichen Wunsch zu tun. Indem Heidi sich dafür öffnete, aus freien Stücken, bedingungslos und aus purer Liebe ihrem Partner dieses Geschenk zu machen, bekam sie selbst die Kommunikation, die Verbindung und eine neue Ebene der Sexualität, die sie genießen konnte.

Die Schwierigkeit für Heidi lag darin, diesen Schritt nicht zu benutzen, um etwas richtig zu machen. Wenn wir Dinge tun, nur damit wir etwas richtig oder gut machen, opfern wir uns auf. Hätte Heidi mehr Sex zugelassen, nur um mehr Kommunikation zu bekommen, hätte ihr Geschenk nicht funktioniert. In diesem Fall wäre für Heidi an erster Stelle gestanden, etwas zu bekommen. Geben hätte dann nur bedeutet, schneller an das zu gelangen, was sie haben wollte. Aber so funktioniert das Prinzip des Gebens und Empfangens nicht. Es geht darum, den schmalen Grat zu finden, auf dem wir aus purer Motivation heraus dem anderen ein bedingungsloses Geschenk machen. Heidi verstand, dass Sex eine Möglichkeit war, wie sie auf authentische Weise mit Beat eine Verbindung aufbauen und das Gefühl erfüllter Liebe wieder in die Beziehung bringen konnte. Sie spürte, dass sie auf dem richtigen Weg war, weil sie sich dabei glücklich, frei und unbefangen fühlte. Wenn etwas Schweres darin liegt oder wir uns schlecht dabei fühlen, handeln wir nicht bedingungslos, sondern aus einem Bedürfnis heraus.

## Zwei Übungen: Emotionen heilen

Wenn wir beginnen, uns selbst zu beobachten, werden wir mit der Zeit besser darin, Wut, Emotionen, Bedürfnisse und Aufopferung zu erkennen. Wir können die Probleme, die durch häufigen und erbitterten Streit entstehen, auflösen, weil wir Emotionen erkennen, spüren und loslassen lernen, statt sie unter dem Deckel zu halten. Es erfordert Mut, sich der schmerzhaften Schichten alter Emotionen bewusst zu werden. Je mehr wir uns aber darauf einlassen, desto mehr verändert sich auch die Bedeutung, die wir diesen Emotionen beimessen. Es wird immer natürlicher, sie zu spüren und loszulassen. Je mehr Emotionen wir auf diese Weise auflösen, desto geringer wird unser Schmerz. Auch unsere Wut wird weniger und es fällt uns immer leichter, Streit früher zu beenden und ihn seltener werden zu lassen.

Negative Gefühle können uns nicht schaden. Denn Emotionen kommen und gehen. In der folgenden Übung geht es darum, uns auf Emotionen einzulassen und sie so lange zu fühlen, bis sie sich aufgelöst haben.

## Übung 1: Emotionen durchfühlen

- Fühle deine Wut. Warum bist du wütend? Gehe der Emotion nach, die dich wütend macht. Lasse sie in dein Bewusstsein kommen.
- Bleibe bei dieser Emotion. Konzentriere dich auf das, was du fühlst. Vertraue, dass du es kannst.
- Wenn du weinen möchtest, lasse deine Tränen fließen. Es ist in Ordnung zu weinen.
- Wenn du müde wirst, abschweifst oder findest, dass diese Übung zu schwierig oder unnütz ist, bemerke: Dies sind Zeichen deines Widerstandes gegen das Fühlen. Fühle den Widerstand, bis er nicht mehr da ist.
- Mit der Zeit wird es dir besser gehen. Schichten deiner Emotionen haben sich gelöst. Wenn neue Schichten auftauchen, fühle sie, bis sie von allein verschwinden.
- Spüre, dass eine andere Energie in dir aufgeht. Da ist eine Ausdehnung, ein Gefühl der Erleichterung und des Friedens.
- Lasse dieses Gefühl ganz groß werden. Speichere es in deiner Erinnerung ab.
- Wie sieht dein Problem, der Streit jetzt aus? Wie wichtig ist es, ist er noch für dich?
- Teile das neue Gefühl mit deinem Partner oder deiner Partnerin.
- Speichere das Gefühl der Erleichterung und des Friedens in deinem Geist. Du kannst dich jederzeit daran erinnern.

## Übung 2: Emotionen an den Himmel abgeben

- Bitte eine himmlische Kraft um Hilfe. Ganz unabhängig davon, ob du religiös bist oder nicht: Die Vorstellung, dass sich eine himmlische Gottheit durch alle Schichten des Universums mit dir verbindet, bringt Frieden und Kraft.
- Mit wem möchtest du dich verbinden? Gott, Jesus, Maria, dem Erzengel Michael, Buddha oder Kuan Yin? Vertraue dich ihrem himmlischen Wohlwollen an.
- Bitte darum, dass die Gottheit die Emotionen, die dich belasten, von dir wegnehmen möge.
- Lege sie auf einem imaginären Altar ab, den du dir im Geiste vorstellst. Es ist ein Ort in dir, der dem Himmel nahe ist. Alles, was du an diesen Ort bringst und hier ablegst, ist willkommen. Es wird durch Liebe in göttliche Gaben wie Unschuld, Liebe, Heilung und Frieden umgewandelt.
- Spüre, wie diese göttlichen Gaben sich in deinem Körper ausbreiten. Sie treten an die Stelle der Emotionen, die du abgegeben hast. Sie füllen den Raum, der in dir frei geworden ist.
- Diese Gefühle dehnen sich aus, über deine Körpergrenzen hinaus. Wie fühlt sich das an?
- Genieße dieses Gefühl der Ausdehnung. Bleibe so lange wie möglich in diesem Gefühl. Speichere es ab in deiner Erinnerung und in deinem Körper. Du kannst jederzeit wieder darauf zurückgreifen.
- Teile die göttlichen Gaben der Unschuld, der Liebe, der Heilung und des Friedens mit allen Menschen, die dir wichtig sind.

# Kapitel 5

## Familiendynamik erkennen und auflösen

Jeder von uns erinnert sich an Situationen aus der eigenen Kindheit, in denen wir gelitten haben. Wir fühlten uns verletzt und als Opfer. Wenn wir solche Emotionen empfinden, urteilen wir und geben anderen die Schuld. Das Muster der Opfergeschichte, das sich aus solchen Situationen entwickeln kann, ist oft ein Teil unserer Familiendynamik. Sie wiederholt sich meist über Generationen hinweg. In diesem Kapitel geht es um dieses weitverbreitete Muster und um die Opfer-Täter-Dynamik, die starke negative Auswirkungen auf unser Leben hat, wenn wir sie nicht erkennen und auflösen. Das Muster der Opfergeschichte hinterlässt Spuren vor allem in unseren Beziehungen, denn Opfergefühle und Urteile machen es schwierig, stabile Partnerschaften einzugehen. Als ich selbst an einen Punkt kam, an dem meine Opfergeschichte immer mehr zum Problem in meinen Beziehungen wurde, begann ich mich genauer mit der Opfer-Täter-Dynamik zu befassen.

*Mein Vater hatte oft cholerische Wutanfälle, als ich jung war. Seine stürmischen Ausbrüche verängstigten mich. Ich fühlte mich hilflos und dominiert, wenn er losbrüllte. Das Gefühl, seiner Wut schutzlos ausgeliefert zu sein, war für mich sehr schlimm. Oft hatte ich Todesangst, wenn er herumschrie. Ich fing an, meinen Vater für sein Verhalten zu verurteilen. In meinen Augen war er ein gewalttätiger, böser Tyrann. Viele Jahre lang hatte ich Angst vor ihm. Ich fühlte mich unverstanden und allein. Schließlich war er doch derjenige, der mich hätte beschützen sollen. Stattdessen griff er mich in seiner Wut an, wenn nicht alles wie am Schnürchen lief.*

*Als ich älter wurde, begann ich selbst zu brüllen, wenn mir etwas nicht passte. Vor allem in meinen Beziehungen wurde das zum Problem. Die Männer, mit denen ich zusammen war, brüllten entweder zurück und die Konflikte eskalierten zu stürmischen Auseinandersetzungen oder sie sackten innerlich in sich zusammen aus Angst und Entsetzen, so wie ich es als Mädchen getan hatte, wenn mein Vater wütend wurde. Mit der Zeit merkte ich, dass hier etwas schieflief. Irgendwann fiel mir auf, dass ich selbst zu einer wütenden Tyrannin geworden war. Offenbar hatte ich von meinem Vater ein Muster übernommen, das in meinen Beziehungen großen Schaden anrichtete. Deshalb begann ich mich tiefer mit diesem Problem zu befassen.*

*Ich fand heraus, dass meine Probleme zuallererst damit zu tun hatten, dass ich mich als Opfer fühlte. Einerseits war ich Opfer der Männer, die nicht das taten, was ich wollte. Andererseits war ich auf einer tieferen emotionalen Ebene immer noch das Opfer meines cholerischen Vaters, obwohl er mit fortschreitendem Alter immer milder wurde. In meinen Beziehungen zeigten sich diese beiden Stränge meiner Opfergeschichte aber als ein und dasselbe Problem: Ich gab anderen die Schuld für das, was passierte. Ich hielt mich selbst für das Opfer und machte die anderen zum Täter.*

*Mit dieser Art zu denken stand ich nicht allein. Die Idee, dass es Opfer und Täter gibt, ist tief in unserem gesellschaftlichen Bewusstsein verankert. Dieses Denken suggeriert, dass die Opfer unschuldig sind und dadurch gewinnen. Die Täter aber sind schuldig und deshalb verlieren sie. Natürlich wollte ich lieber gewinnen. Ich hatte ja selbst am Beispiel meines Vaters gesehen, dass Täter mit Abneigung und vielleicht sogar Hass bestraft werden. Ich wollte aber nicht gehasst, sondern geliebt werden. In der Realität meiner Beziehungen ging diese Rechnung nicht auf. Ich kämpfte zwar um Liebe, aber diese Auseinandersetzungen führten immer zu Opfer-Täter-Situationen und zu großem Leid. Schmerz gab es auf beiden Seiten, denn nicht nur ich war enttäuscht, verletzt und erschüttert nach einem heftigen Streit. Auch meine Partner lagen emotional am Boden. Also suchte ich Wege, besser zu verstehen, was hier eigentlich passierte. Ich wollte aus dieser frustrierenden Dynamik ausbrechen, denn ich sehnte mich nach einer liebevollen Beziehung. Deshalb begann ich meine Beziehungsprobleme zu thematisieren und mich mit meinen Opfergefühlen zu befassen. Dabei fand ich heraus, wie viel ich verändern konnte, indem ich mir meiner Opfergeschichte bewusst wurde und sie losließ. Ich befreite mich von den vielen Urteilen, die ich auf meinen Vater und auf cholerische Menschen ganz allgemein projiziert hatte. Dieser Prozess dauerte seine Zeit. Das Schöne daran war, dass sich nicht nur meine Beziehung zu meinem Mann enorm verbesserte, sondern dass ich auch die Versöhnung mit meinem Vater als großes Geschenk empfand. Dadurch, dass ich seine Wut verstehen lernte, entwickelte ich eine ganz andere Sichtweise auf die Dinge, die in meinen Augen damals falsch gelaufen waren und derentwegen ich mich als Opfer gefühlt hatte. Als ich ihm vergeben konnte, fand die Liebe meines Vaters, nach der ich mich so viele Jahre gesehnt hatte, endlich ihren Weg in mein Herz. Die Verbindung, die ich dadurch mit ihm eingehen konnte, erfüllte uns beide mit einem unglaublich schönen Gefühl von Süße und Zärtlichkeit. Dieses Gefühl gibt mir auch heute noch viel Kraft, obwohl mein Vater bereits gestorben ist.*

## Das Muster des Opfers

In der Regel entstehen unsere frühesten Opfergefühle in Situationen, die mit den Eltern zu tun haben. Alle Menschen, mit denen ich arbeite, erinnern sich an Szenen aus ihrer Kindheit, in denen sie sich durch die Eltern oder einen Elternteil gewalttätig behandelt, verängstigt, vernachlässigt oder im Stich gelassen fühlten. Genauso erinnerte ich mich viele Jahre lang mit Grauen an die Wutausbrüche meines Vaters. Meist gehen solche Situationen aus unserer Kindheit mit großem emotionalem Schmerz einher, denn wir fühlen zum ersten Mal in unserem Leben, dass es eine Ebene gibt, auf der wir von unseren Eltern getrennt sind. Mama und Papa bilden nicht länger eine harmonische Einheit mit uns. Dieses Erlebnis des Getrenntseins ist in der Regel ein Schock, den wir sehr tief in unserem unterbewussten Gedächtnis vergraben. Wir spalten den Schmerz ab, um ihn nicht mehr spüren zu müssen. Dadurch beginnen wir uns emotional unabhängig zu machen.

Die Entscheidung, uns zu trennen, ist ein Prozess in unserer natürlichen Entwicklung vom abhängigen Baby zum unabhängigen, selbstständigen Kleinkind. Wir alle machen diesen Schritt, ganz gleich ob wir „große“ oder „kleine“ Traumata erleben. Lency Spezzano spricht im Zusammenhang mit diesem frühkindlichen Prozess von der sogenannten „core story“. In dieser ursprünglichen Traumageschichte gibt es einen Moment, in dem wir unser Ego bilden, also noch eine zweite Stimme in unserer Psyche etablieren, die unseren Wunsch nach Trennung und Unabhängigkeit vorantreibt. Das Ego ist ein Teil unseres freien Willens, der nicht wirklich möchte, dass wir glücklich werden. Es bezeichnet einen Aspekt unseres Geistes, der lieber unabhängig und getrennt bleiben möchte, als sich in Liebe zu verbinden. Die Stimme des Egos will uns weismachen, wir seien weniger verletzlich, wenn wir unser Herz verschließen. In Wahrheit führt diese Entscheidung aber dazu, dass wir die Trennung und den Schmerz der Einsamkeit noch stärker spüren. Er sammelt sich tief in unserem Herzen an wie ein See der Traurigkeit.

Unabhängigkeit ist in meiner Arbeit dementsprechend nichts Positives. Im Unterschied zur Selbstständigkeit beschreibt Unabhängigkeit zwar auch die Fähigkeit, Dinge ganz allein zu machen, aber unabhängig werden bedeutet, dass wir uns emotional abtrennen, uns von anderen Menschen isolieren und deshalb unter emotionaler Einsamkeit leiden. Selbstständigkeit kennt diese Trennung dagegen nicht. Wir können selbstständig als Kinder eine Aufgabe lösen, ohne deshalb die emotionale Verbindung zu anderen Menschen zu kappen. Zumindest in den Industrienationen verläuft das Erlernen der Selbstständigkeit in der frühkindlichen Entwicklung offenbar parallel zum Streben nach Unabhängigkeit.[3] Als junge Erwachsene

3 Es gibt auch soziale Kulturen, die ohne das Ego und ohne das frühkindliche Trennungstrauma auszukommen scheinen. Jean Liedloff hat das bei den Yequana beobachtet, einem indigenen Stamm, der im Grenzgebiet zwischen Venezuela und Brasilien lebt. Zumindest bis 1977 lebten die Familien dort ein solch starkes Bonding (= natürliche, auf Vertrauen basierende, innige Herzensverbindung), dass ihre Kinder offenbar kein Trennungstrauma erlitten und keine Anzeichen gaben, ein Ego gebildet zu haben (vgl. Jean Liedloff: *Auf der Suche nach dem verlorenen Glück: Gegen die Zerstörung unserer Glücksfähigkeit in der frühen Kindheit.* München: Beck, 1980).

haben wir diese Entwicklungsstufe normalerweise abgeschlossen. Wir vergessen jedoch meistens, dass wir nicht noch unabhängiger werden müssen. Wir halten an der Gewohnheit fest, obwohl es in dieser Phase sinnvoller wäre, unser Bestreben nach Unabhängigkeit abzulegen. Denn emotional isoliert zu sein ist für uns nicht länger von Vorteil. Vielmehr tragen wir durch das Festhalten an der Trennung unsere Kindheitstraumata ins Erwachsenenleben hinein, wo sie uns verschiedene Schwierigkeiten machen. Aber es scheint uns schwerzufallen, die Gewohnheit aufzugeben. Wir halten lieber an der Unabhängigkeit und am Ego fest, auch wenn wir dadurch leiden.

Wenn wir als Erwachsene die tiefste Wurzel unserer Kindheitstraumata und Opfergefühle auflösen wollen, macht es Sinn, an der „core story" zu arbeiten. Denn dort liegt der Ursprung unseres Wunsches nach Unabhängigkeit und Trennung begraben. Je mehr Traumaemotionen und Trennungsschmerz wir auflösen, desto geringer wird unser Bedürfnis nach Unabhängigkeit und desto leichter fällt es uns, mit Menschen auf einer tiefen Herzensebene wieder in Verbindung zu treten. Je mehr Verbindung wir fühlen, desto leichter, reicher und glücklicher ist unser Leben.

Außerdem hilft uns die Aufarbeitung unserer ursprünglichen Traumageschichte, Groll loszulassen. Denn diese Geschichte ist nicht nur mit Einsamkeit und Opfergefühlen verbunden, sondern auch mit einem großen Wutanfall. Einerseits sind wir wütend, weil sich unsere Eltern anders verhalten haben, als wir es gewollt hätten. Andererseits dient unsere Wut auch dazu, den tiefen Trennungsschmerz zu überdecken, um ihn weiterhin im Unterbewusstsein versteckt zu halten. Wenn wir Emotionen wie Groll auf diese Weise „unter den Teppich kehren", sind sie deshalb aber nicht weg. Sie steuern unser Denken, Empfinden und Handeln weiterhin aus dem Unterbewusstsein heraus. Die unerlösten Emotionen unserer Traumata wiederholen sich deshalb immer wieder in unserem Leben. Auch der alte Wutanfall flammt wiederholt auf, selbst wenn wir längst erwachsen sind. Das passiert immer dann, wenn uns das Verhalten anderer Menschen an unsere ursprüngliche Trennungsgeschichte und unseren alten Schmerz erinnert. Diese unbewussten traumatischen Kindheitserinnerungen werden häufig durch unsere Eltern, unsere Geschwister und unseren Partner ausgelöst. Aber auch Arbeitskollegen oder Autoritätsfiguren wie Lehrer und Lehrerinnen, Betreuungspersonen oder Vorgesetzte verhalten sich manchmal auf eine Weise, die alte Traumaemotionen in uns wachrüttelt. Da uns diese Emotionen immer noch sehr schmerzen, führen solche Situationen meistens zu einer unkontrollierten emotionalen Reaktion und bringen uns deshalb in Schwierigkeiten.

Die Wiederholung unseres ursprünglichen Trennungstraumas ist Teil einer Dynamik, mit der uns das Ego dazu verleitet, unabhängig und getrennt zu bleiben – obwohl wir diese „Fähigkeit" als Erwachsene eigentlich nicht mehr brauchen. Solange wir auf unsere Eltern und andere wichtige Menschen aus unserem unmittelbaren Umfeld wütend sind und Groll gegen sie empfinden, fühlen wir die Trennung – und damit auch den Trennungsschmerz. Als Erwachsene verwenden wir diesen Schmerz unbewusst als „guten Grund", um keine emotionale Verbindung zwischen uns und anderen Menschen zuzulassen. Wenn die Trennung dadurch aber immer größer wird, statt geheilt zu werden, kann sich daraus ein negativer Sog entwickeln, der uns im Leben nach unten zieht. Der angestaute Groll, der mit dem alten Schmerz einhergeht, führt dazu, dass wir mit der Zeit hart und verbittert werden. So nehmen wir uns selbst den Spaß am Leben.

## Urteile

Die ursprüngliche Trennungsgeschichte ist außerdem jener Moment, in dem wir zum ersten Mal in unserem Leben Urteile bilden. Wir verurteilen unsere Eltern, weil sie sich anders verhalten, als wir es wollen. So erscheint uns ihr Verhalten zum Beispiel aggressiv, gemein oder ungerecht. Auch diese Urteile fällen wir im Laufe unseres Lebens immer wieder über andere Menschen. Häufig können wir uns an das ursprüngliche Urteil, das mit dem Verhalten unserer Eltern zu tun hatte, gar nicht mehr bewusst erinnern. Aber wenn wir in anderen Kontexten an die negativen Emotionen erinnert werden, die wir mit diesem Urteil zusammen abgespeichert haben, läuft in uns ein automatisches Reaktionsmuster ab: Wir urteilen wieder auf die gleiche Weise, obwohl die neue Situation gar nichts mit unseren Eltern zu tun hat. So führen Urteile auch dazu, dass wir in allen möglichen Beziehungen Schwierigkeiten haben, zum Beispiel in der Partnerschaft, mit der Familie, am Arbeitsplatz, mit Freunden oder den Nachbarn.

Überhaupt gehen die meisten unserer Alltagsprobleme auf Urteile zurück, denn Urteile beeinflussen unsere Sicht auf die Welt und auf andere Menschen. Hinzu kommt, dass Urteile Distanz erzeugen. Immer wenn wir ein negatives Urteil über einen Menschen fällen, heben wir automatisch die Verbindung zwischen uns auf. Dadurch werden wir erneut und ganz subtil wieder an den emotionalen Schmerz erinnert, den unsere ursprüngliche Trennung verursacht hat. So schließt sich ein Teufelskreis. Das Ego nutzt diese Dynamik des Urteilens, um das Gefühl aufrechtzuerhalten, dass wir einsam sind, weil sich andere Menschen scheinbar von uns distanzieren. In Wahrheit sind wir es aber selbst, die die Trennung herbeiführen.

## Die Opfer-Täter-Dynamik

Solange sie nicht aufgelöst werden, halten uns Urteile in Trennung und emotionalem Schmerz gefangen. Sie sind einer der Gründe, warum wir Einsamkeit und Traurigkeit empfinden, auch wenn es uns sonst im Leben grundsätzlich gut geht. Urteile halten unsere unbewussten Opfergefühle wach. Umgekehrt machen wir durch unsere Urteile diejenigen, die wir verurteilen, zu Tätern. Denn in einer Welt, deren Werte und Moral auf der dualen Vorstellung von Richtig und Falsch beruhen, kann es die Guten nicht ohne die Bösen, die Opfer nicht ohne die Täter geben. Deshalb könnte man sagen, dass wir immer dann, wenn wir Opfergefühle empfinden, auch einen Täter kreieren. Unsere gesellschaftliche Vorstellung von Opfern und Tätern hängt, wie bereits erwähnt, auch mit der Idee vom Gewinnen und Verlieren zusammen. Wenn wir etwas richtig machen, sind wir gut und gewinnen. Wenn wir etwas Falsches tun, sind wir dagegen böse und verlieren. Wir werden schuldig und wer Schuld auf sich lädt, der verliert. Täter verlieren eigentlich immer, während Opfer nach diesem Modell grundsätzlich die Guten sind. Sie machen alles richtig und deshalb sind sie auch die unschuldigen Gewinner. Also könnte man glauben, ein unschuldiges Opfer zu werden führe uns auf den Weg des Gewinnens.

Diese Logik funktioniert aber nicht. Wenn wir Kindern beibringen müssen, was sie dürfen und was nicht, greifen wir auf Prinzipien wie Richtig und Falsch oder Gut und Schlecht zurück. Das müssen wir tun, weil sonst alles viel zu kompliziert wird. In Wahrheit ist es natürlich komplexer. Schon als Kinder haben wir Dinge erlebt, die in unseren Augen falsch waren und dadurch das vermeintlich klare Gefüge von Gut und Böse ins Wanken gebracht haben. Wir wurden zum Beispiel von Erwachsenen nicht beschützt, obwohl sie es hätten tun sollen, oder andere Kinder haben uns absichtlich wehgetan. Die Ungerechtigkeit solcher Situationen nutzt unser Ego aus, um Opfergefühle in uns zu wecken. Wenn wir in die tieferen, unbewussten Ebenen der Opfer-Täter-Dynamik eintauchen, kommen wir an eine Stelle, an der unser Geist Dinge manifestiert, die wir uns insgeheim wünschen. Diese Dinge müssen nicht unbedingt gut für uns sein. Es geht an diesem unbewussten Ort unseres Denkens vielmehr darum, das zu bekommen, was wir wollen. Wenn wir unbedingt der überlegene Gewinner sein und recht haben wollen, kann es uns passieren, dass wir unbewusst eine Opfergeschichte kreieren, nur um zu gewinnen. Wenn sich jemand also für das Gefühl des Opfers entscheidet, taucht deshalb auch ein Täter auf, der entsprechend unrecht hat und verliert. Diese beiden Pole sind aneinander gekoppelt.

Natürlich geschehen solche Entscheidungen unbewusst. Trotzdem ist es wichtig, unser Bewusstsein dafür zu schärfen, wo und wie wir uns zum Opfer machen. Denn immer wenn wir uns für die Opferseite entscheiden, kreieren wir nicht nur Schmerz für uns selbst, sondern auch für die andere Seite. Unsere Entscheidung, Opfer sein zu wollen, führt dazu, dass wir auch den Gegenpol des verlierenden Täters erschaffen, der ebenfalls leidet. Man könnte also sagen, dass das Opfer unbewusst seinen Täter ruft.

In unserem Alltag kann das so aussehen, dass wir nach kurzer Zeit immer wieder den Job wechseln, weil wir uns schlecht behandelt fühlen, oder dass unsere Beziehungen voller Schwierigkeiten sind und nie lange halten. Aber auch in Beziehungen, die grundsätzlich gut funktionieren, schleicht sich die Opfer-Täter-Dynamik unbemerkt in Konflikte ein und kreiert auf jeder Seite Verluste. Immer wenn wir uns in der Beziehung für das Opfer und die Gewinnerseite entscheiden, hat unser Partner keine andere Wahl, als die Verliererkarte zu ziehen und zum Täter zu werden. Das Problem dabei ist, dass wir uns dafür entscheiden, Opfer zu sein, und nicht bemerken, dass wir die Täterseite dadurch überhaupt erst erschaffen. Unsere Entscheidung trägt dazu bei, dass alle verlieren. Diesen Teufelskreis wollen wir durchbrechen.

**Die duale Vorstellung von Gut und Böse, Richtig und Falsch basiert auf einem Denkmuster, das alle Konfliktparteien zu Verlierern macht.**

## Sowohl Opfer als auch Täter verlieren

Opfer-und-Täter-Geschichten führen dazu, dass alle leiden. Wenn es bei einem Konflikt Opfer und Täter gibt, geht es keiner Seite gut. Sowohl Opfer- als auch Tätergeschichten haben mit uraltem Schmerz und negativen Erinnerungen zu tun, die wir vor langer Zeit in unseren unterbewussten Emotionsspeicher ausgelagert haben. Je schlimmer unser Schmerz ist, desto stärker sind auch unsere Opfergefühle. Aber auch Menschen, die wir als Täter bezeichnen, handeln aus Schmerz heraus, etwa weil sie totale Hilflosigkeit, großes Versagen oder tiefe Ablehnung empfinden. Oft haben Menschen, die zum Beispiel gewalttätig werden, in ihrer Biografie selbst sehr schlimme Traumata erlebt. Auf einer gewissen psychologischen Ebene ist die „Tat" ein gescheiterter Versuch, mit diesen Emotionen zurechtzukommen. Wenn wir in die Geschichten hineinfühlen, die Menschen gewalttätig werden lassen, können wir erkennen, dass Täter in Wahrheit ebenfalls Opfer sind. Weil sie ihre Opfergefühle aber nicht geheilt haben und mit dem Schmerz, der daraus resultiert, nicht zurechtkommen, greifen sie an.

*Mein Vater wurde zum Beispiel in seiner Kindheit schwer vernachlässigt. Seine Eltern betrieben einen Gasthof. Sein Vater war Alkoholiker und seine Mutter war überfordert. Sie hatte für ihre beiden Kinder keine Zeit und überließ sie mehr oder weniger sich selbst. Die Vernachlässigung muss in meinem Vater das Gefühl ausgelöst haben, von der Mutter nicht geliebt und im Stich gelassen worden zu sein. Die Opfergeschichte enttäuschter Liebe und unerfüllter Bedürfnisse setzte sich in seiner ersten Ehe fort, die geschieden wurde. Auch in der zweiten Ehe fiel es ihm schwer, eine Heimat für sein Herz zu finden. Weil er die Gefühle der Vernachlässigung und des Nicht-geliebt-Werdens vor allem mit seiner Mutter verknüpfte, war es für ihn allgemein schwierig, mit Frauen eine Herzensverbindung einzugehen. Er schien das Gefühl zu haben, sich Frauen gegenüber vor allem behaupten zu müssen, um nicht unter die Räder zu kommen. Aus dem Gefühl heraus, Opfer zu sein und immer um Liebe kämpfen zu müssen, resultierte wohl seine Wut gegen uns Mädchen und unsere Mutter.*

## Angriff ist ein Hilferuf

Durch meine eigene Geschichte und meine Arbeit mit Menschen, die ihre Opfergeschichten in meinen Coachings erzählten, habe ich aber gelernt, dass ein Angriff immer ein Hilferuf ist. Auch die Wutanfälle meines Vaters waren in Wahrheit ein Schrei nach Liebe und ein Ruf nach Hilfe. Natürlich handelt es sich bei Wut, Aggression und Gewalt um einen Hilferuf, der niemals zu einer positiven Reaktion führen kann. Angriff erzeugt entweder Gegenangriff oder Rückzug und deshalb schlägt die Kommunikation, die eigentlich Hilfe bringen sollte, fehl. Wenn Hilferufe ungehört verhallen, haben Täter einen „guten Grund“, sich erneut missverstanden und als Opfer zu fühlen. Auch auf dieser Ebene schließt sich der Teufelskreis der Opfer-Täter-Dynamik, durch die alle verlieren. Wenn wir dieses Wissen miteinbeziehen, sehen wir, dass es nicht wirklich hilfreich ist, Opfer und Täter als konträre Pole zu betrachten. Denn in Wahrheit handelt es sich bei der Opfer-Täter-Dynamik um einen geschlossenen Kreislauf. Menschen, die sich als Opfer fühlen, werden zu Tätern und umgekehrt. Beide Seiten leiden dabei unter emotionalem Schmerz. Niemand wird glücklich. Deshalb kann aus dieser Dynamik auch niemand als Gewinner hervorgehen.

## Kinder übernehmen die Muster ihrer Eltern

Wie bereits erwähnt, habe ich als Mädchen und junge Frau ein Muster ausgelebt, das ich von meinem Vater kannte: Auch ich neigte dazu, herumzuschreien, wenn ich wütend war. Natürlich wollte ich das nie tun. Ich wusste ja, wie schlimm es ist, wenn jemand die anderen zusammenbrüllt. Aber ich konnte nichts dagegen tun. Wenn mich ein Wutanfall überkam, war Schreien meine einzige Möglichkeit, mich auszudrücken. Deshalb ist es auch vorgekommen, dass ich meine Kinder angeschrien habe, als sie noch klein waren. Die paradoxe Situation beschäftigte mich. Warum verhielt ich mich meinen Kindern gegenüber wie mein eigener Vater, obwohl ich doch so unter seinen Wutanfällen gelitten hatte? Ich hatte mir doch geschworen, niemals so zu sein wie er!

Erst nachdem ich mich mit meiner Opfergeschichte befasst hatte, änderte sich das. Ich lernte, dass mein Verhalten durch unbewusste Urteile und Opfergefühle gesteuert wurde. Ich verurteilte meinen Vater so sehr für seine Wutanfälle, dass ich nicht bemerkte, wie viel Wut ich selbst in mir hatte. Genau wie er war ich nicht imstande, mit meinen Emotionen anders umzugehen, als sie durch einen Wutanfall zu entladen.

Auch aus der Perspektive meiner Kinder betrachtet setzte sich die Opfergeschichte fort, die in meiner Familie zirkulierte. Indem ich wie mein eigener Vater wurde und meine Kinder anschrie, hatten auch meine Söhne einen „guten Grund“, sich als Opfer zu fühlen. Zum Glück hatte ich damals schon begonnen, meine Opfergeschichte aufzuarbeiten. Meine Wutanfälle waren seltener und ich lernte, meine Gefühle anders auszudrücken.

In meiner Arbeit konnte ich viele Male feststellen, dass ungeheilte Familienmuster von Generation zu Generation weitergegeben werden. Wahrscheinlich gibt es solche Muster auch in deiner Familie. Die genauen Details der Geschichte mögen nicht in jeder Generation und bei jedem Kind identisch sein, aber die Dynamik, die der Situation zugrunde liegt, ist gleich.

*Ich habe zum Beispiel einmal mit Ina gearbeitet, die als Tochter eines cholerischen Vaters einen cholerischen und noch dazu gewalttätigen Mann geheiratet hatte. Ihre Schwester Anaïs entschied sich dagegen für einen Partner, der extrem höflich, zurückhaltend und liebevoll war. Der Kontrast zwischen den beiden Männern hätte nicht größer sein können. Dennoch hatten beide Schwestern in ihren Ehen ähnliche Probleme. In beiden Beziehungen war es nicht möglich, über Emotionen und Bedürfnisse zu sprechen. Die Einsamkeit, die Enttäuschung und das Gefühl, keine Liebe zu bekommen, waren bei beiden Schwestern sehr groß. In Inas Ehe wurde deshalb heftig gestritten und zugeschlagen. In der Beziehung von Anaïs wurden diese Konflikte stattdessen passiv-aggressiv ausgetragen. Als Außendienstmitarbeiter war ihr Mann unter der Woche nicht zu Hause. So konnten sich die beiden gut aus dem Weg gehen, wenn Emotionen Schwierigkeiten zu machen drohten. Inas Ehe mit ihrem gewalttätigen Mann wurde kinderlos geschieden. Aber Anaïs hatte zwei Kinder. Als das zweite Baby zur Welt kam, wurden ihre Wutanfälle und ihre Aggression plötzlich zu einem großen Problem. Obwohl sie das Muster cholerischer Wut in ihrer Beziehung erfolgreich unterdrückt hatte, brach es nun im stressigen Alltag mit den Kindern hervor.*

Muster wie diese zirkulieren oft schon seit langer Zeit in der Familie. Opfergefühle, Groll, Vorwürfe und Schuldzuweisungen, die damit einhergehen, sind zu einem großen Teil für den Mangel an Verbundenheit in Familien verantwortlich. Sie halten die Distanz zwischen den einzelnen Familienmitgliedern auch über viele Jahre hinweg aufrecht. In besonders schlimmen Fällen können sie dazu führen, dass Familien zerbrechen. Aber wenn wir bereit sind, unsere Emotionen zu fühlen und zu heilen, muss es nicht so weit kommen.

Durch meine eigene Geschichte habe ich gelernt, dass wir Familienmuster durchbrechen können, wenn wir aufhören zu urteilen und stattdessen vergeben. Dafür müssen wir erst einmal erkennen, dass wir überhaupt Urteile haben. Das ist nicht so einfach, denn die Urteile, die wir in der frühen Kindheit über unsere Eltern fällen, treffen wir unbewusst. Zusammen mit dem emotionalen Schmerz und den Opfergefühlen, die sie begleiten, verdrängen wir auch die Urteile ins Unterbewusstsein. Sie werden erst dann wieder spürbar, wenn wir in unseren Beziehungen oder in der Erziehung unserer eigenen Kinder Situationen erleben, die diese alten Opfergefühle aufwühlen. Ohne es zu wollen und ohne es bewusst wahrzunehmen, verhalten wir uns deshalb in solchen Momenten genauso wie unsere Eltern. Bei mir bedeutete das, dass ich laut herumbrüllte und alle Angst bekamen.

## Hilfe, ich bin wie meine Mutter!

Clara besprach in einem Coaching mit mir eine Situation aus ihrem Alltag, die ebenfalls zeigt, wie unbewusste Opfergefühle und Urteile im Alltag mit Kindern zum Problem werden können.

*Es ist kurz vor acht und höchste Zeit, in die Kinderkrippe zu fahren. Die dreijährige Mia soll ihre Schuhe anziehen, aber sie trödelt herum. Nachdem ihre Mutter Clara sie mehrmals ermahnt hat, verliert sie die Geduld. Sie fängt an zu schimpfen und greift selbst zu den Schuhen, um sie dem Kind anzuziehen. Dabei packt Clara ihre Tochter gröber an, als sie eigentlich will. Aus dem Anziehen wird ein physischer Konflikt, der zu Geschrei und Tränen führt. Obwohl Clara sich schnell wieder beruhigt, plagt sie noch Stunden später ein schlechtes Gewissen. Sie realisiert, dass ihr Verhalten gewalttätig war. Gewalt ist in ihrer Welt aber ein Tabu. Deshalb greift sie sich selbst an. In ihren Augen hat sie als Mutter versagt.*

*Für Clara ist dieser Vorfall vor allem deshalb eine so große Katastrophe, weil er sie an das Verhalten ihrer eigenen Mutter erinnert. Clara wirft ihrer Mutter vor, dass sie öfter aggressiv wurde, wenn die Kinder nicht folgten. Natürlich hat sich Clara geschworen, sich nie-*

*mals selbst so gegenüber ihrem Kind zu verhalten. Aber der Vorfall mit den Schuhen beweist ihr das Gegenteil: Sie war selbst aggressiv und ist deshalb eine ebenso schlechte Mutter, wie ihre eigene Mutter es war. Clara fühlt sich elend.*

*Ich mache Clara zuerst einmal darauf aufmerksam, dass ihr Selbstangriff ein häufiges Muster ist, das allerdings niemandem nützt. Der Alltag mit Kindern ist wirklich anstrengend und kann Eltern deshalb an ihre Grenzen bringen. Eltern bekommen oft zu wenig Schlaf und bringen trotzdem Tag für Tag eine enorm große Leistung zu Hause und im Beruf. Das zehrt an den Ressourcen und verbraucht viel Energie. Daher ist es absolut verständlich, dass Eltern auch einmal explodieren, wenn es zu viel wird. Es ist wichtig, dass wir deshalb nicht zu streng mit uns selbst ins Gericht gehen. Niemand ist perfekt und wir müssen es auch nicht sein.*

*Claras Beispiel zeigt, dass unser Verhalten durch unbewusste Emotionen und Urteile gesteuert wird. Im Gespräch mit Clara wird klar, dass sie sich immer noch als das Opfer ihrer Mutter fühlt, obwohl sie längst erwachsen ist. Ihr Urteil über das aggressive Verhalten der Mutter hält sie in ihrer Opferrolle gefangen. Weil sie Opfer ist, fühlt sie sich im Recht. Dass sie selbst auch aggressive Anteile hat, obwohl sie diese zu verstecken sucht, möchte Clara zunächst nicht sehen. Denn dann müsste sie sich eingestehen, dass sie auch eine Täterin ist wie die Mutter. Sie müsste zugeben, dass sie auch etwas falsch macht. Dadurch könnte sie nicht länger das unschuldige Opfer sein. Sie wäre ebenfalls im Unrecht und würde verlieren. Weil sie aber nicht verlieren will, hält Clara an ihrer Opfergeschichte fest, obwohl sie das Problem ihrer latenten Aggression dadurch nicht löst.*

*Nachdem ich sie eingeladen habe, ihre Alltagserinnerungen nach Beispielen zu durchforsten, in denen sie aggressiv wird, kann Clara offener über ihre eigene Aggression sprechen. Dennoch ist Aggression für sie ein Tabu. Ich erkläre Clara, dass Tabus fast immer bedeuten, dass wir entsprechende Emotionen und Verhaltensmuster verdrängen oder kompensieren. In Claras Fall ermuntere ich sie, darüber nachzudenken, was sie alles tut, um Situationen zu vermeiden, die sie wütend machen könnten. Es fällt Clara danach nicht mehr schwer zu erkennen, wie sie ihre Aggression unterdrückt und kompensiert.*

*Allerdings funktioniert dieses Muster der Vermeidung nie wirklich gut. Immer wenn Zeitdruck und Stress ihr die Kontrolle rauben, wird Clara von Emotionen wie Hilflosigkeit und Angst überwältigt. Diese Emotionen kennt Clara aus den Opfersituationen mit ihrer Mutter. Weil diese Emotionen schmerzhaft sind, wird Clara wütend und aggressiv. Wütend zu werden ist ihre Art, mit Schmerz umzugehen.*

*An diesem Punkt des Coachings bemerkt Clara, dass ihre Mutter ein ganz ähnliches Problem gehabt haben muss. Sie war ebenfalls eine müde, gestresste Mutter, der manchmal einfach alles über den Kopf wuchs. In dem Moment, in dem sie das realisiert, öffnet Clara ihr Herz: Sie empfindet plötzlich Mitgefühl, Liebe und Dankbarkeit. Ihr Verständnis bewirkt, dass sie sich auf einer neuen Ebene mit ihrer Mutter verbinden kann. Ich lade Clara ein, den starken positiven Gefühlen, die sie für ihre Mutter empfindet, weiter nachzuspüren. Gibt es darunter ein energetisches Geschenk, das sie mit ihrer Mutter teilen möchte? Clara entdeckt das Geschenk der bedingungslosen Liebe, die alles leicht und einfach macht. Sie teilt dieses Gefühl mit ihrer Mutter und empfindet dabei tiefe Erleichterung, Frieden und eine süße Freude.*

*Nachdem Clara diesen Schritt der Versöhnung gemacht hat, verändert sich auch ihre Sichtweise auf ihre Opfergeschichte. Sie ist bereit, diese Geschichte loszulassen, denn die Verbindung mit ihrer Mutter ist am Ende stärker und wichtiger für sie.*

## Projektion

Sowohl Claras Opfergefühle als auch ihr Urteil über Aggression waren ihr zunächst nicht bewusst. Unser Gespräch brachte diese Anteile ans Licht. Das Coaching half Clara zu erkennen, wie sich ihre eigene Mutter gefühlt haben musste, wenn sie aggressiv wurde. Claras Mitgefühl für ihre Mutter veränderte auch ihre Sichtweise auf das Tabuthema Aggression. Sie verstand, dass ihr Urteil über die Aggression der Mutter vor allem durch ihre eigene Opfergeschichte gefärbt war. Weil sie davon eine Schicht losgelassen hatte, fiel es ihr leichter, ihr Urteil über das Verhalten der Mutter als eine Projektion ihrer eigenen Aggression zu erkennen. In der Psychologie spricht man von Projektion, wenn wir negative Eigenschaften und Verhaltensmuster nur in anderen Menschen sehen wollen, nicht aber in uns selbst. Weil wir diese Eigenschaften und Verhaltensmuster als Mangel empfinden, verurteilen wir sie. Dass wir diesen Anteil auch in uns selbst haben, blenden wir unbewusst aus, weil wir unsere eigenen Selbsturteile nur schwer ertragen können. Sie verursachen negative Emotionen und emotionalen Schmerz. Jene Anteile unseres Bewusstseins, die sich für aggressiv, dumm oder faul halten, spalten wir deshalb in die unbewussten Bereiche unseres Geistes ab. Wir vergessen, dass wir uns eigentlich auch selbst für dumm, aggressiv oder faul halten. Reflektiert das Verhalten der anderen aber dieses Selbsturteil, zeigen wir mit dem Finger auf sie oder klagen sie an, weil es uns stört. Projektion ist also ein Spiegel unserer eigenen Selbstwahrnehmung, die uns durch andere Menschen sichtbar gemacht wird.

Nicht nur unsere Eltern sind eine ideale Zielscheibe für Projektionen. Wir sehen unsere Urteile auch in Familienmitgliedern (oft ist es die Schwiegermutter), in Arbeitskollegen, Nachbarn, Chefs, Politikern, Staatsoberhäuptern oder kirchlichen Autoritätsfiguren. Genau genommen ist die ganze Welt unsere Projektion. Alles, was wir im Außen sehen und wahrnehmen, ist unsere Projektion. Dazu gehören die negativen genauso wie die positiven Urteile, die wir von uns abspalten. In einem anderen Menschen einen Helden zu sehen ist ebenfalls ein Urteil. Es schafft Distanz, weil wir glauben, dass wir selbst niemals ein so großer Held sein könnten. Wir grenzen uns ab, weil wir unseren eigenen Heldenanteil nicht annehmen wollen. Positive Urteile wie der Held, den wir nur in anderen erkennen, aber nicht in uns selbst, führen dazu, dass wir uns klein, unbedeutend und unwichtig fühlen. Diese Urteile stehen unserer Lebensbestimmung im Weg. Sie hindern uns daran, die Vision unserer eigenen Größe zu leben.

## Projektionen zurücknehmen

Positive Urteile loszulassen fällt uns manchmal sehr schwer, aber noch schwieriger scheint es zu sein, die negativen Urteile zu erkennen und aufzulösen. Urteile wie Schuld tun uns weh, auch wenn sie unbewusst sind. Durch die Projektion versuchen wir, uns sowohl von unseren Urteilen als auch von den schmerzhaften Emotionen zu distanzieren. Projektion ist also eine Strategie, emotionalen Schmerz und Selbsturteile zu verdrängen und im Unterbewusstsein einzuschließen. Genau wie emotionaler Schmerz verschwinden aber auch verdrängte Selbsturteile nicht. Sie warten auf eine Gelegenheit, an die Oberfläche unseres Bewusstseins zu kommen, denn dort können sie geheilt werden.

Auf diesen Moment, der im Alltag meistens zu Streit und Problemen führt, müssen wir zum Glück aber nicht warten. Wir können uns ganz gezielt unseren unbewussten Urteilen, Projektionen und Emotionen stellen, sie erkennen und auflösen. Chuck Spezzano hat dafür eine sehr wirkungsvolle Übung entwickelt. Die Essenz dieser Übung liegt darin, dass wir uns unserer Urteile bewusst werden und unsere Projektion zurücknehmen. Denn jedes Urteil gibt uns einen Grund, uns von anderen Menschen zu trennen. An den Orten unseres Herzens, an denen wir andere Menschen verurteilen, fließt keine Liebe. Diese Übung bietet deshalb eine hervorragende Möglichkeit, die Beziehung zu allen Menschen zu verbessern, mit denen du zu tun hast. Du kannst sie ab sofort jeden Tag machen.

## Projektionsübung nach Chuck Spezzano

### Schritt 1: Dein Urteil

- Wer geht dir gerade am meisten auf die Nerven? Idealerweise wählst du zuerst eine Person aus deiner Ursprungsfamilie oder noch besser: Mutter oder Vater. Alle Menschen, mit denen ich arbeite, haben Themen mit ihren Eltern – sogar dann, wenn in der Familie eine starke Verbindung besteht.

- Welche Vorwürfe machst du deinem Vater oder deiner Mutter? Wähle den Elternteil aus, der sich problematischer anfühlt. Was stört dich an ihm oder ihr? Typische Beispiele sind: „Mein Vater ist immer so hektisch, passiv, beleidigt, unfähig, wollte mich nicht haben, hat mich vernachlässigt, war so bedürftig …“
- Auch wenn unsere Eltern schon gestorben sind, können wir diese Übung noch machen. Im zweiten Schritt kannst du den anderen Elternteil wählen oder beispielsweise deine Geschwister, deine Kinder, den Chef, deine Nachbarn oder Arbeitskollegen.
- Fokussiere dich auf das Urteil, das dir spontan als Erstes einfällt. Was dir zuerst in den Sinn kommt, ist die ehrliche Antwort. Es ist möglich, dass dir die Antwort nicht gefällt. Vertraue dem Prozess und lasse dich von deinem Unterbewusstsein leiten.

### Schritt 2: Selbstreflexion

Welche der nachstehenden Antworten trifft auf dich am ehesten zu?

A Ja, ich bin manchmal auch so (wie ich es im Urteil formuliert habe). Vielleicht nicht auf genau die gleiche Weise, aber ja, das kenne ich auch von mir.
B Nein! Niemals! So will ich wirklich nie sein.
C Manchmal bin ich so, manchmal aber auch nicht.

- Wenn Variante B auf dich zutrifft, forsche weiter nach. Urteile können nur dort bestehen, wo wir uns selbst für die gleiche Sache angreifen. Oft ist unser Urteil aber so schwerwiegend, dass wir diese Eigenschaft in uns auf keinen Fall sehen möchten. Dann neigen wir dazu, den Schatten des Urteils zu kompensieren. Wir sagen, dass wir nie „so“ sind. In Wahrheit wollen wir aber nur nicht anerkennen, dass es unsere eigene Schattenseite ist. Wie Clara tun wir zum Beispiel deshalb entweder alles, um unsere Aggression zu unterdrücken (anstelle der Aggression nimmst du hier dein eigenes Urteil unter die Lupe), oder wir vermeiden peinlichst alle Situationen, die aggressives Verhalten in uns auslösen könnten. Das heißt aber nicht, dass wir keine

Aggression in uns tragen, denn wir sehen sie ja im Verhalten anderer und dort stört sie uns. Jetzt hast du eine Chance, diese unbewussten Selbsturteile aufzudecken und loszulassen. Du wirst sehen, dass es dich befreit, ehrlich mit dir selbst zu sein.

- Wenn Variante C auf dich zutrifft, steckst du in einer ähnlichen Situation wie bei Variante B. Manchmal bist du wie die Person, die du verurteilst, manchmal aber auch nicht. Diese Antwort zeigt dir zum einen: Du bist dir schon bewusst, dass du dich selbst für eine gewisse Eigenschaft verurteilst, die dir nicht gefällt. Zum anderen neigst du aber noch zur Kompensation. Du willst deinen Schatten nur teilweise erkennen. In den Situationen, in denen dir der Schatten etwas harmloser erscheint, ist es in Ordnung, so zu sein. Aber was ist mit den Anteilen in dir, die du immer noch so stark verurteilst, dass du sie nicht wirklich sehen willst? Willst du sie auch erkennen und befreien? Erinnere dich: Was du in anderen siehst, steckt auch in dir selbst. Die Welt ist dein Spiegel.
- Hast du Variante A gewählt, erkennst du, dass dein Urteil eine Projektion ist. So wie die anderen sind, bist du auch. Also kannst du einen Schritt weitergehen und dein Urteil abgeben. Damit befreist du nicht nur diejenigen, die du verurteilst, sondern vor allem dich selbst.

## Schritt 3: Das Urteil abgeben

- Wenn du sehen kannst, dass du auf die gleiche Weise handelst, die du an anderen verurteilst, kannst du dein Urteil abgeben. Vielleicht kannst du darüber schmunzeln, vielleicht empfindest du eine gewisse Reue darüber, dass du jemanden für etwas verurteilt hast, das du selbst auch tust. Unabhängig davon, was du fühlst, ist es an dieser Stelle wichtig zu erkennen, dass das Urteil nur eine Sichtweise ist. Diese Sichtweise dient dazu, euch zu trennen.
- Trennung macht dich nicht glücklich. Bitte deshalb den Himmel, Gott oder eine himmlische Kraft darum, das Urteil von dir und den anderen wegzunehmen. Gib dein Urteil an den Himmel ab.

- Du musst nicht wirklich etwas dafür tun. Die himmlische Kraft erledigt die Arbeit für dich. Deine Bereitschaft, nicht länger zu urteilen, löst das Urteil auf.
- Nimm das Urteil auch von dir selbst weg. Sei bereit, dir selbst dafür zu vergeben, dass du dich verurteilt hast.
- Was fühlst du jetzt? Wie sieht die Person, mit der du Schwierigkeiten hattest, jetzt aus? Welches positive Gefühl breitet sich in dir aus? Spüre in dieses Gefühl hinein. Es kann Mitgefühl, Liebe, Dankbarkeit oder ein ähnliches Gefühl sein.
- Dieses verbindende Gefühl ist die Wahrheit. Spüre, wie es eine Brücke schlägt zwischen dir und der Person, die du verurteilt hast.
- Wenn dir Tränen in die Augen steigen, bist du genau richtig. Wenn wir unser Herz öffnen, weinen wir oft, weil es uns so sehr berührt.

Wenn du eher der körperbezogene Typ bist, kannst du das Urteil auch durch eine physische Geste zurücknehmen.

- Strecke deine Arme aus und ziehe das Urteil dann zu dir zurück.
- Übergib es durch eine weitere Geste nach oben an den Himmel.
- Der Himmel sieht die Wahrheit. In den Augen des Himmels sind wir alle unschuldig. Wenn wir ein Urteil zurücknehmen, bleibt es nicht als Ballast an uns hängen. Der Himmel verwandelt das Urteil für uns in wahre Liebe. Du darfst abgeben, was euch trennt.
- Spüre die Verbindung mit der Person, die du verurteilt hast. Was fühlst du? Ist es Erleichterung, Liebe, Dankbarkeit oder Schönheit? Gib diesem Gefühl in deinem Herzen Raum.

### Schritt 4: Teilen

Durch unsere veränderte, urteilsfreie Wahrnehmung erscheinen uns die Personen, die wir von unseren Urteilen befreit haben, ebenfalls verändert. (Dies geschieht nur in unserem Geist, denn die Person ist ja nicht wirklich anwesend.) Wir sehen den Menschen als das, was er in Wahrheit ist: ein liebevolles, wunderschönes Wesen. Genau so betrachtet uns auch der Himmel. Was auch immer wir über uns selbst denken, der Himmel sieht in uns Wesen der Liebe. Wir sind voller Schönheit und Begabungen.

- Lasse das Gefühl, dass der Himmel dich liebt, in dir ganz groß werden.
- Teile es mit der Person, die du verurteilt hast. Spüre, wie ihr durch deine veränderte Sichtweise einander wieder nahe seid.

**Vergebung bedeutet, dich selbst und andere ohne Urteil zu sehen.**

## Schritte der Vergebung

Projektionen zurücknehmen und Urteile loslassen verbindet. Wenn wir andere von unserer Verurteilung befreien, fühlen wir uns nicht mehr als Opfer. Wir öffnen Verständnis für den anderen und Mitgefühl. Unsere Opfergefühle sind nicht länger wichtig. Wir hören auf, den anderen als Täter zu sehen. Es geschieht Vergebung.

Gerade unseren Eltern können wir auf diese Weise nicht oft genug vergeben. Wenn wir selbst Eltern werden, erkennen wir plötzlich die Schwierigkeiten, den Druck, den Stress und andere Probleme, die unsere Eltern im Alltag bewältigen mussten. Wir wissen jetzt, wie anstrengend es sein kann, jeden Tag für ein Kind zu sorgen und die Verantwortung für sein Leben zu tragen. Wir können unseren Eltern deshalb zum Beispiel dafür vergeben, dass sie einfach nicht fähig waren, uns bei einer bestimmten Sache, die uns so wichtig war, besser zu unterstützen. Vielleicht waren sie selbst überfordert, zu sehr unter Druck oder es fehlte ihnen die Energie für noch größere Anstrengungen. Außerdem haben auch unsere Eltern ihre eigene Geschichte. Auch bei ihnen lief nicht alles rund und auch sie haben

Gründe, warum sie wurden, wie sie sind. Als Mütter und Väter wissen wir aus eigener Erfahrung, dass Eltern immer ihr Bestes geben. Sie machen nicht immer alles richtig, aber sie machen es so gut, wie es ihnen möglich ist.

Vergebung bedeutet, Verbindung wiederherzustellen. Wir lassen Vergebung zu, weil wir bereit sind, eine andere Sichtweise auf die Situation einzunehmen.

Wenn wir vergeben haben, sind alle frei. Wir spüren nur noch das Verständnis und die Liebe, die uns verbinden.

Vergebung verbessert unsere Beziehung zu anderen Menschen. Sie wirkt aber nicht nur horizontal. Vergebung hat auch einen vertikalen Aspekt, der mit unserem eigenen Leben und unseren eigenen Gefühlen zu tun hat. Wenn wir Projektionen zurücknehmen und Urteile loslassen, kommen wir in Kontakt mit befreienden Glücksgefühlen. Oft sind diese nur Vorboten des Glücks, das uns erwartet, wenn wir noch tiefer in unser Unterbewusstsein eintauchen und Emotionen auflösen, mit denen unsere Opfergeschichte auch noch zu tun hat.

Wenn du dich zum ersten Mal mit Projektionen und Selbsturteilen beschäftigst, kann es sein, dass an diesem Punkt weitere negative Emotionen in dir aufgehen. Oft kommen wir an dieser Stelle in Kontakt mit der Traurigkeit, von der ich bereits gesprochen habe, mit Trauer, Einsamkeit und anderem großem Schmerz. Diese Emotionen sind sehr tief unbewusst. Dennoch können wir auch diese Schichten erreichen, fühlen und loslassen. Das ist wichtig, weil Vergebung als positive Kraft in unserem eigenen Leben noch stärker wirken kann, wenn wir auch diese tiefen Emotionen loslassen. Solange wir sie mit uns herumschleppen, hindert uns dieser Ballast daran, zu empfangen und wirklich glücklich zu werden. Ein weiterer Schritt besteht deshalb darin, nicht nur Verantwortung für unsere Projektionen und Urteile zu übernehmen und sie abzugeben, sondern auch unsere Emotionen anzuerkennen und gehen zu lassen. Wie das genau geht, erfährst du im nächsten Kapitel, in dem ich dir die wundervolle „Joining"-Technik näherbringen möchte.

# Kapitel 6

## Probleme sind nicht in Stein gemeißelt

Im vorangehenden Kapitel ging es darum, dass wir unbewusste, negative Dynamiken in unserem Leben, wie zum Beispiel Opfergeschichten, aufdecken und abgeben können. Ich habe erläutert, wie wir Urteile loslassen und Projektionen zurücknehmen können, die mit unserer Opfergeschichte zusammenhängen. So beginnen wir zu erfahren, wie sich Vergebung anfühlt. In diesem Kapitel geht es nun um die Möglichkeiten, wie wir auch den Groll und emotionalen Schmerz heilen können, den wir im Laufe unserer Opfergeschichte in den tieferen Ebenen unseres Bewusstseins angesammelt haben. Vergebung kann sich erst dann als positive Kraft in unserem Leben voll entfalten, wenn wir auch die emotionalen Wunden unserer Opfergeschichte heilen. Die schmerzhaften Emotionen, die diese Wunden verursachen, verdrängen wir in der Regel ins Unterbewusstsein oder sogar ins Unbewusste. Weil sie uns so wehtun, wollen wir sie vergessen. Aber dadurch gehen die Emotionen nicht weg. Sie schwelen unter der Oberfläche weiter und um sie im Zaum zu halten, verbrauchen wir enorm viel Lebensenergie. Das macht uns müde und führt dazu, dass wir „mit angezogener Handbremse" im Leben unterwegs sind. Um wieder in Fluss zu kommen und das Leben in seiner ganzen Fülle zu genießen, wollen wir diesen emotionalen Schmerz heilen.

Ein wichtiges Konzept, das unsere Arbeit mit verdrängten, unbewussten Emotionen unterstützt, ist das sogenannte Prinzip der Selbstverantwortung. Es ist in meiner Arbeit zentral. Dieses Prinzip geht davon aus, dass wir für unsere Emotionen die Verantwortung übernehmen können. Denn was wir fühlen, hat nichts mit den Handlungen anderer zu tun, sondern mit unserer eigenen Entscheidung, bestimmte Emotionen wichtiger zu machen als andere. Das Prinzip der Selbstverantwortung beruht auf dem Konzept, dass wir unsere Emotionen nicht nur selbst steuern, sondern auch selbst verändern können. Wir sind dem Schicksal und den „verletzenden" Handlungen anderer Menschen also nicht ausgeliefert. Vielmehr entscheiden wir selbst darüber, was wir in einer bestimmten Situation fühlen. Es ist unsere Wahl, wie wir mit den Ereignissen und Menschen umgehen, die uns begegnen.

**Emotionen sind unsere Entscheidung. Niemand anderer ist dafür verantwortlich.**

Wenn wir Probleme haben, ist das ein Zeichen dafür, dass wir negative Emotionen wie Opfergefühle, Groll oder Schuld nicht loslassen wollen. Probleme können überhaupt erst durch das Festhalten an negativen Emotionen entstehen. Sie sind deshalb keine Katastrophe, sondern in Wahrheit eine Chance für innere Heilung. Wenn wir ein Problem haben, können wir Verantwortung übernehmen für das, was wir fühlen, und die negativen Emotionen, die uns Probleme bereiten, loslassen. Wir können in Bezug auf unsere Emotionen neu entscheiden, etwa indem wir die Bereitschaft aufbringen, positive Gefühle wichtiger zu machen als unseren alten Schmerz. So gewinnen wir eine neue Sicht auf die Geschehnisse, die uns traumatisiert haben. Wir beginnen, unsere eigene Lebensgeschichte in eine glückliche Geschichte umzuschreiben. So können wir endlich Liebe und Glück empfangen, die wir uns selbst – durch unser Festhalten an den negativen Emotionen – verweigert haben.

Wenn ich in diesem Kapitel von emotionaler Heilung spreche, meine ich damit die bewusste Entscheidung, eine andere Sichtweise auf eine Situation einzunehmen und positive Gefühle zuzulassen. Dadurch können wir Emotionen loslassen und unseren Schmerz heilen. Die Herausforderung dieser Heilungsarbeit besteht darin, negative Emotionen nicht länger zu verurteilen und zu verdrängen, sondern sie einen Moment lang auszuhalten, obwohl sie intensiv sind oder sogar wehtun. Den Mut dafür können wir unbesorgt aufbringen, denn Emotionen kommen und gehen. Sie haben manchmal eine gewisse Intensität, aber so lange wir zulassen, dass sie gehen dürfen, können uns Emotionen nicht schaden. Emotionen loslassen und Schmerz heilen bedeutet, Frieden, Freude, Fülle und Glück zurück in unser Leben fließen zu lassen. Mit anderen Worten: Wir vergeben und ernten die Früchte unserer Vergebungsarbeit. So lernen wir, dass weder die Traumata der Vergangenheit noch unsere gegenwärtigen Probleme in Stein gemeißelt sind. Ob unser Leben eine traurige Geschichte bleibt oder glücklich wird, liegt in unserer Hand. Wir selbst können uns entscheiden, wie sich unsere Lebensgeschichte von nun an gestalten wird und anfühlen soll.

## Das Prinzip der Selbstverantwortung

Ich habe es bereits angedeutet: Negative Emotionen, die uns belasten, haben nichts mit dem Verhalten anderer Menschen zu tun. Sie werden nicht durch äußere Umstände ausgelöst. Vielmehr entscheiden wir selbst, dass wir auf ein Erlebnis mit einer bestimmten, emotionalen Antwort reagieren wollen. Jede Situation, die wir erleben, beurteilen und interpretieren wir. Wenn wir uns verletzt fühlen, nehmen wir eine negative Sichtweise ein: Wir entscheiden uns dafür, dass wir aufgrund unserer Beurteilung und Interpretation der Situation negative Emotionen in den Vordergrund stellen wollen. Würden wir im gleichen Moment eine andere Sichtweise einnehmen, zum Beispiel indem wir Mitgefühl, Verständnis oder Liebe wichtiger machen, würden wir anders entscheiden. Wir würden in der gleichen Situation positive Gefühle empfinden. Es liegt also an uns, für welche emotionale Reaktion wir uns jeweils entscheiden. Vorwürfe wie „Du hast mich verletzt“ haben deshalb in meiner Arbeit keine Gültigkeit. Diese Anklagen spiegeln nur die Art und Weise wider, wie wir eine Situation beurteilt und interpretiert haben.

Unsere Emotionen und Gefühle werden also nicht von außen in uns hineingebracht. Sie sind vielmehr eine innere, oft jedoch unbewusste Entscheidung unseres Geistes.

**Die Reaktionen anderer können uns nicht verletzen. Wir beurteilen die Situation nur so, dass wir einen Grund haben, uns verletzt zu fühlen.**

Die Entscheidung, wie wir auf Erlebnisse reagieren, hat aber nicht nur mit unserer Wahrnehmung der Gegenwart zu tun. Sie ist auch beeinflusst durch Erinnerungen an die Vergangenheit. Ob wir uns verletzt fühlen oder nicht, hängt davon ab, welche Erfahrungen wir bereits früher im Leben gemacht haben. Wenn wir das Verhalten eines anderen Menschen in einer vergangenen Situation benutzt haben, um uns verletzt zu fühlen, ist es wahrscheinlich, dass wir in einer ähnlichen Situation wieder Verletzung empfinden. Deshalb ereignen sich unsere schlimmsten Traumata wiederholt im Leben. Die Entscheidung, den gleichen Schmerz erneut zu fühlen, treffen wir meist unbewusst. Daher mag es so erscheinen, als seien wir dem Verhalten anderer Menschen, unseren Emotionen oder dem Schicksal ausgeliefert. Wenn wir akzeptieren, dass Emotionen eine Entscheidung unseres Geistes sind, bedeutet dies, dass sie nicht festgeschrieben, sondern variabel sind. Was wir fühlen, liegt in unserer Verantwortung und in unserer Macht.

Negative Emotionen sind eine Entscheidung unseres Geistes.

## Die Vergangenheit heilen

Wenn unsere Emotionen und Erinnerungen durch unsere Sichtweise, Interpretation und Urteile geprägt sind, heißt das, dass wir in Bezug auf die Vergangenheit jederzeit einen anderen Blickwinkel einnehmen können. Statt an schmerzhaften Erinnerungen festzuhalten, unter denen wir leiden, können wir uns bewusst anders entscheiden. Wenn wir wollen, können wir positive Gefühle in den Vordergrund rücken. Die Worte und Handlungen eines anderen Menschen, der uns „verletzt" hat, aus einer neuen Perspektive heraus zu betrachten bedeutet, dass wir nicht länger nur Opfer sind. Wir können uns bereit erklären, diese Rolle aufzugeben und eine andere Sichtweise zuzulassen. Dadurch verändert sich unsere emotionale Reaktion auf das Erlebnis, selbst wenn es bereits der Vergangenheit angehört. Statt Groll, Angst oder Wut zu spüren, weil wir „verletzt" wurden, könnten wir zum Beispiel Verständnis, Mitgefühl oder Liebe für den Menschen empfinden, der uns „verletzt" hat. Denn vielleicht hatte dieser Mensch keine andere Möglichkeit, sich emotional auszudrücken oder konnte aus bestimmten Gründen nicht anders handeln. Wenn wir „verletzende" Situationen aus einer solchen Sichtweise heraus betrachten, bleiben wir in Verbindung, und deshalb sieht unser Erlebnis plötzlich völlig anders aus. Wenn wir in Verbindung sind, ist es unmöglich, verletzt zu werden. Denn es sind die emotionale Trennung und unsere Weigerung, Liebe fließen zu lassen, die den Schmerz überhaupt erst verursachen. Wenn wir aber verbunden bleiben – auch wenn andere Menschen sich nicht so verhalten, wie wir es gerne hätten –, spüren wir einfach die Liebe. Dann gibt es kein Problem mehr.

Meistens fällt es uns aber schwer, ohne Weiteres eine neue Sichtweise auf die Vergangenheit einzunehmen. Wir finden es einfacher, an den „guten Gründen" festzuhalten, die wir bisher als Rechtfertigung für unser Opfersein und unsere „Verletzung" vorgebracht haben. Unsere Offenheit dafür, das Rechthaben aufzugeben, die Situation neu zu beurteilen und unseren Schmerz loszulassen, kann aber alles verändern. Sogar sehr schlimme Situationen aus der Vergangenheit erscheinen dann in neuem Licht, weil wir wieder bereit sind, Verbindung zuzulassen. Wenn wir emotionalen Schmerz loslassen, kommen die positiven Gefühle zurück in den Fokus unseres Bewusstseins. Sie waren nie weg, sondern nur überschattet. Es gab einmal eine Zeit vor unserem Trauma, in der wir uns noch nicht verletzt fühlten. Damals waren die positiven Gefühle für uns wichtiger als unsere negativen Emotionen. An diesen Punkt können wir zurückkehren und den positiven Gefühlen wieder Raum geben. Je öfter wir erleben, wie gut es uns tut, schmerzhafte Emotionen loszulassen, desto wichtiger nehmen wir diese positiven Empfindungen. Gleichzeitig fällt es uns auch leichter, auf Herzensebene die Verbindung zu Menschen wiederherzustellen, mit denen wir in der Vergangenheit Probleme hatten. Wir beginnen unsere Vergangenheit neu einzufärben. Die schmerzhaften Stellen unserer Geschichte verlieren an Dramatik, weil sich Groll, Vorwürfe, Anklagen und Urteile auflösen, wenn wir Schmerz loslassen. Die Vergebung, die durch die neu entstandene Verbindung geschieht, macht uns glücklich. Sie gibt uns das Gefühl, endlich wieder lebendig, kraftvoll und „ganz" zu sein.

**Immer wenn wir negative Emotionen loslassen und Verbindung zulassen, geschieht Vergebung.**

## Verdrängte und abgespaltene Emotionen

Unsere schmerzhaftesten Emotionen sind in der Regel mit den Traumata der frühen Kindheit verbunden, an die wir uns oft nicht mehr bewusst erinnern können. Wir haben sie verdrängt, um sie zu „vergessen". Manchmal sind die Traumata unserer Kindheit so dramatisch, dass wir nicht nur die Emotionen verdrängen, sondern ganze Teile unseres Selbst oder Teile unserer Seele abspalten. Mit dieser Überlebensstrategie versucht unsere Psyche, uns zu schützen. Wir glauben, nicht mehr verletzt werden zu können, wenn wir nichts fühlen. Allerdings führen Verdrängung und Abspaltung dazu, dass sich auch unser Herz an dieser Stelle fest verschließt. Wir bauen eine Art Panzer um uns herum, der uns vor noch mehr Schmerz schützen soll. Dieser Panzer verhindert aber nicht nur, dass uns negative Emotionen „treffen". Auch für positive Gefühle sind wir an diesen Stellen unseres Herzens nicht mehr empfänglich. Wir schirmen also jene Aspekte des Lebens ab, die uns eigentlich glücklich machen würden. Je dicker unser Panzer ist, desto schaler und blasser fühlt sich unser Leben an. Auf vielen Ebenen fühlen wir uns unbefriedigt, ungeliebt und glücklos.

Die Überlebensstrategie der Abspaltung schmerzhafter Emotionen funktioniert allerdings nur kurzfristig. Denn verdrängte Emotionen verschwinden nicht. Sie brechen immer dann wieder auf, wenn wir Situationen erleben, die uns an das ursprüngliche Trauma erinnern. Manchmal glauben wir sogar, wir müssten sterben, wenn wir noch einmal die Trauer, den Schmerz oder die Angst von damals spüren müssen. Aber das ist eine Illusion. Selbst die schlimmsten Emotionen können uns nichts anhaben. Denn Emotionen sind flüchtig. Sie kommen und gehen. Sie sind eine Idee unseres Geistes und nur dann furchterregend, wenn wir an ihnen festhalten. Wenn wir uns erlauben, Emotionen zu spüren, obwohl sie einen Moment lang intensiv sind, und sie dann gehen lassen, befreien wir uns. Der Panzer um unser Herz wird Stück für Stück aufgebrochen. Dann können wir auch die positiven Gefühle, die vom Schmerz überdeckt wurden, wieder fühlen. Die Aspekte, die das Leben reich, erfüllt und glücklich machen, können wieder in uns hineinströmen. Auch verlorene Seelenanteile können auf diese Weise wieder zurückgewonnen werden.

Negative Emotionen sind also nie die Wahrheit. Sie sind eine Illusion des Egos, jener Stimme in uns, die lieber unabhängig und emotional abgespalten bleiben möchte, als sich in Liebe zu verbinden. Emotionen lassen uns die Trennung und die Distanz spüren, die wir aufrechterhalten, und darum nehmen wir sie vor allem als negativ wahr. Dennoch haben Emotionen auch eine positive Seite. Sie dienen uns als Wegweiser, denn sie zeigen an, wo wir den Pfad der Wahrheit verlassen haben und der Stimme des Egos gefolgt sind. Das Ego führt uns immer in den Schmerz, auch wenn es uns glauben machen will, dass dies der bessere Weg sei. Die Liebe, oder das Göttliche, will dagegen unsere Heilung und unser Glück. Sie will, dass wir Verbindung zulassen, weil sie uns Sicherheit und Erfüllung gibt. Wir können unseren Geist immer nach dem Kompass der Liebe und dem Gefühl wahrer Verbundenheit ausrichten und werden einen guten Weg finden.

## Angst vor Emotionen

Es braucht Mut, zu unseren Emotionen zu stehen. Emotionen machen vielen Menschen Angst. Das hat weniger damit zu tun, dass Emotionen intensiv oder schmerzhaft sein können. Vielmehr haben wir Angst davor, dass wir durch unsere Emotionen die Kontrolle über uns selbst verlieren. Wir haben Angst, Emotionen im Außen zu zeigen, weil wir denken, dass sie ein Zeichen der Schwäche sind. Aber unsere Mitmenschen haben meistens weniger Probleme mit unseren Emotionen als wir selbst. Schwierig wird es eher deshalb, weil wir mit unseren Emotionen nicht sinnvoll umgehen können. Zum Beispiel schreien wir herum, wenn wir wütend sind, oder wir sind peinlich berührt und schämen uns, sodass sich alle anderen ebenfalls schlecht fühlen. Wenn wir wegen unserer Emotionen zum Beispiel traurig und beleidigt sind oder Schuldgefühle haben, ziehen wir uns oft zurück und sind emotional nicht mehr erreichbar. Das Problem ist also, was wir mit unseren Emotionen machen. Es sind nicht die Emotionen an sich. Wenn wir dagegen zu unseren negativen Gefühlen stehen, ist die Situation harmlos, denn wir geben den Menschen um uns herum die Möglichkeit, mitzufühlen und Verständnis für uns zu haben. Kurz gesagt: Wenn wir aus unseren Emotionen kein Drama machen, bleiben wir in Verbindung mit uns selbst und miteinander. Deshalb ist die Situation auch nicht problematisch.

## Übung: Emotionen von der Wurzel her heilen

Wenn wir bereit sind, unsere Emotionen zu fühlen, die mit negativen Erlebnissen unserer Vergangenheit zu tun haben, können wir unsere Geschichte verändern. Am effektivsten können wir das tun, wenn wir wieder an den Punkt zurückreisen, an dem wir diese Emotionen zum ersten Mal gefühlt haben. Chuck Spezzano hat dafür eine Übung entwickelt, die zum Basisrepertoire meiner Arbeit gehört.

### Schritt 1

- Wenn du es wüsstest (denn du kannst dich nicht mehr bewusst erinnern): Wie alt warst du, als du diesen Schmerz zum ersten Mal in deinem Leben gespürt hast?
- Wenn du es wüsstest: Wer war an der Situation beteiligt?
- Wenn du es wüsstest: Was ist damals vorgefallen? Wahrscheinlich ist passiert, dass …

Auf diese Fragen antworten wir am besten intuitiv. Was uns als Erstes einfällt, ist die richtige Antwort – auch dann, wenn uns unsere Gedanken fantastisch oder weit hergeholt erscheinen. Manchmal können wir uns konkret erinnern. Je weiter wir in unserem Leben zurückreisen, desto unklarer ist die Erinnerung. Das hat auch damit zu tun, dass wir unsere uralten Traumata oft verdrängt und jede bewusste Erinnerung daran gelöscht haben. Aber in unserem Unterbewusstsein oder Unbewussten bleiben die Erinnerung und der emotionale Schmerz trotzdem gespeichert. In dieser Übung geht es darum, spontan zu sein und mit intuitiven Antworten oder Bildern zu arbeiten.

### Schritt 2

- Entscheide dich, heute für damals, für eine andere Reaktion. Statt es persönlich zu nehmen und verletzt zu sein: Öffne dich und fühle hinein, was die andere Person in deiner Geschichte gebraucht hätte. Statt enttäuscht zu sein, dass deine Erwartungen nicht erfüllt wurden, gib, woran es damals mangelte.

- Welches positive Gefühl oder welche energetische Gabe hätte die Person, die dich damals „verletzt" hat, gebraucht, um im Frieden oder in ihrer Mitte zu sein? Vertraue deiner intuitiven Antwort.
- Nimm liebevolle Verbindung mit deinem kindlichen Selbst auf. Bitte den Himmel um Hilfe bei dieser Aufgabe. Gemeinsam gebt ihr der anderen Person, was sie damals gebraucht hätte.
- Empfange die Verbundenheit, die durch dein Geben entsteht.
- Lasse die positiven Gefühle, die Gaben und die Verbundenheit aus der Übung in dein Leben fließen. Im Geist siehst du dich mit diesen Geschenken wachsen und älter werden, bis du in der Gegenwart angekommen bist.
- Teile die Gaben, die du geschenkt hast, auch mit deiner ganzen Familie, denn was dir gefehlt hat, hat allen gefehlt.

## Übung: „Joining"

Lency Spezzano hat eine besondere Methode entwickelt, mit der wir auf sehr tiefen Ebenen innere Heilung geschehen lassen können: das sogenannte „Joining". Durch „Joining" können wir auch Emotionen heilen, die so tief unbewusst sind, dass wir sie nicht mehr konkret benennen können. In den oberen Schichten unseres Unterbewusstseins können wir oft noch beschreiben, welche Emotionen es sind, die in uns auftauchen, oder mit welcher Geschichte sie zusammenhängen. Das „Joining" ermöglicht es, noch tiefer zu gehen und Emotionen zu heilen, von denen wir nicht einmal mehr wissen, dass wir sie gespeichert haben. Diese Emotionen liegen wie ein Schatten auf unserer Lebensgeschichte. Sie belasten uns, obwohl wir nicht bewusst wahrnehmen, dass sie da sind.

„Joining" ist eine Übung, die wir zu zweit oder in der Gruppe machen. Beim „Joining" vereinen wir unsere eigene Heilungsabsicht mit der des oder der anderen. Wenn sich zwei oder mehr Menschen gleichzeitig emotional verbinden, verleihen wir unserer Intention,

Emotionen loszulassen, mehr Kraft. Außerdem sind wir nicht allein, wenn wir tiefen Emotionen begegnen, die uns vielleicht Angst machen. Im Team oder in der Gruppe werden wir bei dieser Übung begleitet und erklären uns gleichzeitig bereit, andere durch ihren Prozess hindurchzubegleiten. Dabei geht es nicht darum, gemeinsam mit anderen in emotionalen Schmerz abzutauchen. Das Ziel ist einzig, Emotionen anzustoßen und gegebenenfalls aufzuwecken, sodass wir sie wieder fühlen und dadurch loslassen können. „Joining" bringt uns ein Gefühl enormer Erleichterung oder sogar Erlösung, wenn die negativen Emotionen gehen. Dieses Gefühl der Seligkeit kommt von ganz allein. Es ist das Ergebnis unseres Prozesses: Weil wir negative Emotionen durchgefühlt und losgelassen haben, füllt sich der frei gewordene Raum mit Glücksgefühlen.

- Setzt euch zu zweit einander gegenüber hin und verbindet euch auf der emotionalen Ebene, indem ihr euch in die Augen schaut. Es ist leichter, wenn wir uns auf nur ein Auge des Gegenübers konzentrieren.
- Wir entscheiden uns, die Augen als das „Portal der Seele" wahrzunehmen. So begegnen wir einander nicht nur physisch, sondern finden auch Kontakt zum wahren, höheren Selbst unseres Gegenübers, das immer liebevoll, schön und wunderbar ist.
- Je länger wir so sitzen und uns aufeinander einlassen, desto geringer werden unsere Hemmungen, so viel Nähe zuzulassen. Unsere Gedanken beruhigen sich und wir hören auf, uns durch Äußerlichkeiten ablenken zu lassen.
- Wenn wir die gegenseitige Verbindung spüren, beginnen unsere Emotionen zu fließen.
- Unterdrücke deine Emotionen nicht. Der Sinn dieser Übung liegt darin, sie zu fühlen. Weinen oder Schluchzen ist vollkommen in Ordnung.
- Lasse aus dir herausfließen, was du fühlst. Jede noch so schlimme Emotion hat eine begrenzte „Lebensdauer". Wenn du dich darauf einlässt, dass du fühlst, wird sich die Emotion von allein auflösen. Dafür musst du gar nichts tun. Lasse einfach geschehen, dass die Emotionen kommen und gehen.

- Spüre, wie sich die Emotionen, die du fühlst, mit der Zeit verändern und dann von allein verschwinden.
- Lency Spezzano nennt dieses Eintauchen in eine Emotion bis zu dem Moment, in dem sie sich auflöst, „durchfühlen“. Manchmal gelingt uns das Durchfühlen nur schrittweise. Wir lösen die Emotion nicht auf einmal, sondern Schicht für Schicht auf. Das ist völlig in Ordnung.
- Sei bereit, weiter einzutauchen. Lösen sich noch weitere Schichten deiner Emotionen?
- Bei dieser Übung kannst du nichts falsch machen. Jede angestaute Emotion, die sich löst, ist für dich wertvoll.
- Lasse deinen Verstand beiseite. Wenn du zu denken und zu analysieren beginnst, verlierst du die Verbindung zu deinem Joining-Partner oder deiner Joining-Partnerin und der Fluss der Emotionen versiegt.

- Wenn es dir leichter fällt, kannst du auch deinen Körper beim Durchfühlen zu Hilfe zu nehmen. Lasse deine Emotionen von unten nach oben fließen. Gib ihnen eine Richtung und lasse sie über das Scheitelchakra über deinem Kopf los.

- Nimm wahr, dass durch das Durchfühlen eine Veränderung in deiner Wahrnehmung geschieht. Spürst du, wie Gefühle der Erleichterung, Freude, Freiheit und Glückseligkeit in dir aufsteigen?
- Diese Gefühle kommen nicht von außen. Sie kommen aus dir selbst. Du hast nur vergessen, dass du sie fühlen kannst und dass sie die Wahrheit sind. Du erinnerst dich gerade an die vollkommene, bedingungslose Liebe, die du einmal ganz natürlich als die Wahrheit empfunden hast, bevor deine biografische Egogeschichte begann.
- Genieße diesen unendlich seligen, gelösten Moment tiefster Herzensverbindung. Er stellt sich irgendwann in dieser Übung ganz plötzlich von allein ein, einfach so. Du erkennst den Moment daran, dass du dich wunschlos glücklich und vollkommen frei fühlst.

- Lency Spezzano nennt diesen Moment „bliss", was so viel wie „Seligkeit" bedeutet. Es ist ein heiliger Augenblick. Wenn wir ihn spüren, brechen meistens die Tränen der Freude oder unser hellstes Lachen aus uns heraus. Bleibe in diesem unbeschreiblichen Gefühl vollkommener Seligkeit, so lange du kannst.

„Joining" braucht am Anfang vielleicht etwas Mut. Aber es ist eine sehr wirkungsvolle Technik, die leicht erlernt werden kann. In keinem meiner Seminare fehlt diese wundervolle Übung. Immer wieder setzen wir uns zum „Joining" zusammen und machen uns auf die Reise, unbewusste Emotionen zu erlösen. Je öfter wir uns auf das Wunder der Glückseligkeit einlassen, das „Joining" ermöglicht, desto leichter fällt es uns auch, einzutauchen und loszulassen. Jede Person entwickelt im „Joining" mit der Zeit ihre eigene, individuelle Art, die vergessenen und verdrängten Emotionen aufzuwecken und loszulassen. Auch der Moment der „Seligkeit" gestaltet sich für jeden Menschen individuell. Bei allen ist er ein besonders unvergesslicher Augenblick der Freude und Befreiung. Die einen beginnen lauthals zu lachen, die anderen genießen das Gefühl der Erlösung ganz leise, so als würden sie vor Glück schmelzen. Das Wichtigste ist, dass wir diesen Moment genießen und uns möglichst lange daran erinnern, denn dieses Gefühl beschreibt, wer wir in Wahrheit sind.

## Die eigene Kindheitsgeschichte neu schreiben

Der englische Titel eines Buchs von Chuck Spezzano lautet: „It's Never Too Late to Have a Happy Childhood" (Es ist nie zu spät, eine glückliche Kindheit zu haben).[4] Dieser Satz erinnert mich immer wieder daran, dass Lebensgeschichten nicht in Stein gemeißelt sind. Die Übungen, die ich in diesem Buch beschreibe, helfen uns dabei, unsere biografischen Traumata rückwirkend aufzulösen. Sie helfen uns, Emotionen loszulassen, zu vergeben und unsere Kindheitsgeschichte neu zu schreiben. Das passiert von allein, weil wir unsere

4 Chuck und Lency Spezzano: *Das ABC der glücklichen Beziehungen*. München: Heyne, 2007.

Erinnerung durch neue Augen sehen und mit neuen, positiven Gefühlen verknüpfen.

Wenn wir die negativen Emotionen und Erinnerungen unserer Lebensgeschichte loslassen, sind wir nicht länger Opfer. Wir empfinden keinen Schmerz mehr und haben deshalb auch keinen Grund mehr, Groll zu hegen. An diesem Punkt gibt es keine Schuld mehr, nur Fehler, die wir vergeben können. Weil wir vergeben, verändert sich unsere Sichtweise auf die Vergangenheit. Wir empfinden Leichtigkeit und Freude. Unser Leben macht viel mehr Spaß. Die Kraft der Vergebung löst nicht nur unsere Opfergeschichten und unsere Schuld auf. Sie wirkt sich heilend auf alle Bereiche unseres Lebens aus: Die Beziehung zu unserer Familie und unsere Partnerschaft verbessern sich. Auch im Beruf, in Bezug auf Geld, Gesundheit und die Erfüllung unserer Träume wirkt Vergebung wie ein Segen in unserem Leben.

**Vergebung lässt den Glückspegel unseres Lebens steigen.**

*Desirée wird als Kind einer jungen Mutter geboren, die selbst im Leben noch nicht Fuß fassen konnte. Ihren anonymen Vater lernt Desirée nie kennen. Das Mädchen wird sehr früh in ein Heim gegeben. Glücklicherweise erlebt Desirée dort durch liebevolle Bezugspersonen Nähe und Liebe. Als sie das Schulalter erreicht, kümmert sich die Großmutter um das Mädchen. Auch durch sie erfährt Desirée viel liebevolle Zuwendung. Dennoch wird ihre Sichtweise auf Beziehungen von dem Gefühl bestimmt, von der Mutter nicht gewollt und verstoßen worden zu sein. Diesen Vertrauensbruch der Mutter will Desirée nicht verzeihen. Jahrelang empfindet sie tiefen Groll. Ihr Mangel an Vertrauen in Beziehungen wird noch verstärkt, als Desirée missbraucht wird. Durch Rückzug und emotionales Erkalten versucht Desirée sich davor zu schützen, noch mehr verletzt zu werden. Der emotionale Rückzug und ihr Mangel an Vertrauen machen es ihr schwer, Partnerschaften einzugehen. Deshalb fühlt sich Desirée sehr einsam. Als die Beziehung zu einem Mann, der ihr viel bedeutet, ebenfalls zu scheitern droht, sucht sie Hilfe. Durch meine Unterstützung lernt Desirée die Kraft der Vergebung kennen. Sie begibt sich auf den Weg der inneren Heilung. In den folgenden Jahren arbeitet sie intensiv an der Geschichte mit ihrer Mutter, am Missbrauch und an ihrer Beziehung. Sie gibt ihre Sichtweise auf, ein seelisch verletztes, verstoßenes Kind und Opfer zu sein. Stattdessen entdeckt sie in sich selbst die Gabe, mit Menschen auf eine besonders empathische Weise in Verbindung treten zu können. Das Gefühl, Liebe auf sehr tiefen Ebenen teilen und empfangen zu können, gibt ihrem Leben neuen Sinn. Die Vergangenheit ist für Desirée nicht länger schmerzhaft. Sie ist zu einem Teil ihrer Lebensgeschichte geworden, die Desirée nicht zuletzt dadurch neu zu schreiben beginnt, dass sie glücklich heiratet.*

## Auf dem Heilungsweg vorausgehen

Innere Heilungs- und Vergebungsarbeit dieser Art machen wir in erster Linie für uns selbst. Wenn wir die Emotionen unserer Vergangenheit auf positive Weise verändern, hat das jedoch immer auch Auswirkungen auf diejenigen, die uns am nächsten stehen: unsere Partner, Kinder, Eltern, unsere Familie und unsere Arbeit. Wie wir unsere eigene Biografie bewerten, interpretieren und betrachten, beeinflusst auf ganz besonders intensive Weise unser Elternsein. Wenn wir die Emotionen unserer Kindheit nicht auflösen, verändern wir auch die unbewussten Muster nicht, durch die wir Traumata an unsere Kinder „weitervererben". Gehen wir Eltern aber unsere Themen an und lernen, Emotionen loszulassen und Fehler zu vergeben, werden es auch unsere Kinder leichter haben, Lösungen für Probleme und Schwierigkeiten zu finden. Denn Kinder tun nicht das, was wir ihnen sagen, sondern kopieren das, was wir tun. Wenn wir mit unserer Vergangenheit Frieden schließen, werden auch sie lernen, mit emotionalem Schmerz umzugehen. Auch die beste Mutter und der beste Vater können nicht verhindern, dass Kinder manchmal leiden. Jedes Kind schreibt seine eigene Geschichte und häuft seinen eigenen Emotionsballast an. Wenn wir Eltern mit unserer eigenen

Vergebungsgeschichte vorangehen, stehen unsere Kinder ihrem Schmerz aber nicht machtlos gegenüber.

In manchen Familien ist es einfacher, über Probleme und Emotionen zu sprechen, in anderen schwieriger. In der Generation meiner Eltern war es kaum üblich, offen mit Emotionen umzugehen oder sich Unterstützung bei Problemen in der Familie zu holen. Wenn die Eltern nicht wissen, wie sie einen besseren Weg finden können, finden ihn deshalb oft die folgenden Generationen. In meiner Generation begeben sich viele Menschen auf einen emotionalen Heilungsweg und lösen für sich Probleme, die durch vererbte Familienmuster entstanden sind. Bei jüngeren Menschen ist die Bereitschaft zur Veränderung oft viel größer. Wenn in einer Familie ein solches Kind wie ein Pionier vorausgeht, wirkt sich die Dynamik seiner persönlichen Heilung immer auf das ganze Familiensystem aus. Denn wir sind alle in einem großen energetischen System miteinander verbunden. Wenn wir in unserer eigenen Geschichte zu vergeben beginnen, geht es deshalb nicht nur uns selbst besser. Es entsteht auch mehr Verbindung zwischen unseren Eltern und Geschwistern und das macht alle glücklich.

*Holger hat mehrere Kinder. Seit Jahren leidet er an einer Essstörung. Mehrmals täglich erbricht er nach dem Essen. In der Familie wird das Problem tabuisiert. Die Mutter rettet sich über unangenehme Situationen hinweg, indem sie Bemerkungen darüber macht, dass der Vater einen nervösen Magen hat. Bis zu seinem Tod mit 68 Jahren bleibt Holgers Bulimie unbehandelt und ungeheilt. Sie wird zu seiner persönlichen Methode, Emotionen durch Erbrechen loszuwerden, statt sie zu fühlen und gehen zu lassen.*

*In Holgers Familie gelten Emotionen als Schwäche. Auf offen gezeigte Emotionen reagieren die übrigen Familienmitglieder mit Rückzug. Deshalb gibt es innerhalb der Großfamilie nur wenig Verbindung. Oft bricht der Kontakt zwischen Familienmitgliedern jahrelang ab. Alle Generationen leiden emotional unter diesem Distanzmuster. Eine von Holgers Töchtern, Ulrike, übernimmt bereits mit acht Jahren seine Bulimie. Auch die Familiendynamik des Rückzugs und der Distanz lebt sie aus und bricht im Erwachsenenalter für ein ganzes Jahrzehnt den Kontakt zum Vater ab. Erst mit 38 Jahren gelingt es Ulrike, ihre Essstörung zu überwinden. Aber die Beziehungen innerhalb der Familie bleiben problematisch. In Coachings und Gesprächen mit mir öffnet sich Ulrike dafür, dem Vater zu vergeben. Er ist zu diesem Zeitpunkt schon verstorben. Dennoch gibt es Ulrike ein Gefühl des Friedens und der Erleichterung, ihre Beziehung zu ihm zu verbessern. Auch die Distanz und der Streit innerhalb der Ursprungsfamilie beginnen sich aufzulösen. Ulrikes Beziehung zur Mutter verbessert sich genauso wie die Verbindung der Geschwister untereinander. Durch Ulrikes Vergebungsarbeit fließen Wohlwollen, Freundschaft und Verbindung zurück in die ganze Familie.*

Emotionale Heilung ist nicht an Zeit gebunden und geht über unsere eigene Geschichte hinaus. Wenn wir heute Emotionen loslassen, hat das Auswirkungen auf die Vergangenheit und die Zukunft gleichermaßen. Wenn wir beginnen zu lieben, statt zu verurteilen, bringen wir Freiheit, Freude und Leichtigkeit auch rückwirkend in unser Leben und in das Leben unserer Familienmitglieder. Wir heilen sowohl unsere eigene Kindheit als auch unser Familiensystem und die Geschichten unserer Ahnen. Genauso teilen wir Liebe und Vergebung mit den kommenden Generationen. Je mehr Liebe wir in unsere eigene Biografie bringen, desto verbundener, glücklicher und erfolgreicher werden die Geschichten unseres Stammbaums in alle Richtungen und in allen Zweigen.

## Wie Heilung wirken kann

Wie die obigen Beispiele gezeigt haben, kann die Heilung unbewusster Emotionen enorm positive Auswirkungen auf unser Leben haben. Sogar schlimme Lebensgeschichten können durch die Arbeit mit unbewussten Emotionen in ein „Drehbuch“ der Fülle und des Glücks verwandelt werden. Solche grundlegenden Veränderungen habe ich immer wieder in Menschen sehen dürfen, die ich über längere Zeit begleitet habe. Es ist ein ungeheuer großes Geschenk für mich, diese Verwandlungen mitzuerleben. Beispiele dafür gibt es viele in meiner alltäglichen Arbeit. Es berührt mich immer wieder neu, wenn Kinder endlich die Liebe ihrer Eltern spüren können, weil sie nach Jahren des Streits bereit sind, die Vorwürfe, Urteile und emotionalen Verletzungen ihrer Kindheit loszulassen. Oft habe ich mit Frauen gearbeitet, die sehr lange nicht schwanger wurden und deshalb tief unglücklich waren. Wenn sie ihre Verlustängste oder Versagensgefühle losließen und sich ihr Kinderwunsch erfüllte, weinte ich ebenfalls vor Glück. Auch mit den vielen Paaren, die zum Teil regelmäßig in meine Seminare oder zum Coaching kommen, habe ich oft erleben dürfen, wie viel Erfüllung in Beziehungen möglich ist. Wenn wir bereit sind, Urteile und Groll aufzulösen, und uns für Verbindung und Intimität anstelle von Unabhängigkeit und Distanz entscheiden, zieht unbeschreibliches Glück in unser Leben ein. Andere Menschen habe ich dabei begleiten dürfen, im Beruf und in der Karriere ganz neue, fruchtbare und erfolgreiche Wege einzuschlagen. Sie alle öffneten auf ihre Weise die Gabe der Bereitschaft, Emotionen loszulassen, um Glück, Erfolg und Fülle wieder in ihr Leben und in ihr Familiensystem einzulassen.

Der Weg der emotionalen Heilung, den ich selbst seit vielen Jahren gehe, ist eine Einladung, positive Veränderung in unser Leben und in die Geschichte unserer Familie zu bringen. Diese Veränderung geschieht nicht immer von heute auf morgen und erfordert einen gewissen Mut, auch unangenehmen Dingen auf den Grund zu gehen. Aber wir können darauf vertrauen, dass wir mit jedem Schritt, den wir in diese Richtung gehen, der Erfüllung unserer Lebensträume immer näher kommen.

# Kapitel 7

## Trotzphase und Pubertät

Kinder wollen lernen, erforschen und ausprobieren, was es in dieser Welt zu entdecken gibt. Sie wollen im Leben weiterkommen und möglichst viel für sich erreichen. Deshalb testen sie unsere Grenzen, hinterfragen unser Verhalten, stehen Traditionen kritisch gegenüber und verlangen von uns Flexibilität und Offenheit. Mit ihrem Drang, Neues zu entdecken und Möglichkeiten zu nutzen, fordern uns unsere Kinder oft heraus. Vor allem dann, wenn sie auf Grenzen treffen, die ihrem „freien Willen" im Weg stehen. Denn dass es Grenzen gibt, ist eine Sache, die Kinder erst zu akzeptieren lernen müssen. Für uns Eltern sind solche Situationen meistens deshalb so schwierig, weil wir diejenigen sind, die diese Grenzen verteidigen müssen, sei es, um unsere Kinder vor Gefahr zu schützen, oder weil wir unser persönliches Limit nicht überschreiten wollen. Während der kleinkindlichen Trotzphase und in der Pubertät investieren Kinder besonders viel Energie in die Durchsetzung ihres Willens und deshalb kommt es zu Konflikten, die wir durchstehen müssen. Kinder wissen oft genau, was sie wollen. Aber ihnen fehlen in diesen Phasen meistens noch die physischen, kognitiven und sozialen Fähigkeiten, die sie brauchen, um ihre Ideen eigenständig umzusetzen. Deshalb müssen wir Eltern sie bremsen und das gefällt Kindern nicht.

Wenn es Schwierigkeiten mit den Kindern gibt, kommt es oft auch zu Problemen in der Beziehung. Deshalb geht es in diesem Kapitel darum, wie wir als Familie, als Eltern und als Paar gut durch anstrengende Phasen kommen. Ich möchte mit dir teilen, was ich selbst durch die Trotzphase und Pubertät meiner Söhne gelernt habe und wie wir es als Paar und Familie gemeinsam geschafft haben, die Wellen dieser anspruchsvollen Phasen zu „reiten“, statt darin unterzugehen.

## Die „kleine Pubertät"

Die kleinkindliche Trotzphase ist ein wichtiger Abschnitt in der Entwicklung jedes Kindes. Sie beginnt etwa im Alter von eineinhalb Jahren und macht sich durch Wutanfälle, lautstark geäußerten Frust und manchmal auch hilflose Verzweiflung bemerkbar. Mit etwa drei Jahren lässt das „bockige“ Verhalten der Kinder in der Regel nach. Die Wutanfälle werden seltener, können aber bis ungefähr ins sechste Lebensjahr immer wieder aufflammen. Wenn Kinder in die Trotzphase kommen, möchten sie alles allein machen. Sie wollen keine Hilfe mehr, auch nicht bei Aufgaben, denen sie noch gar nicht gewachsen sind. Sie wollen das heiße Wasser selbst in die Teekanne gießen oder allein auf dem Fahrrad des großen Bruders fahren. Natürlich können wir Eltern das nicht erlauben, weil sich unser Kind dabei ernsthaft verletzen würde. Aber ein Kleinkind im Trotzalter will davon nichts wissen. In dieser Phase entdecken Kinder, dass sie selbst bestimmen wollen und können. Mit den Mitteln, die ihnen zur Verfügung stehen, versuchen sie ihren eigenen Kopf durchzusetzen. Sie möchten eigene Erfahrungen machen. Deshalb gibt es lautes Geschrei, wenn die Dinge nicht so laufen, wie die Kinder es wollen. Als Reaktion auf unsere Intervention werden sie wütend. Dabei lernen Kinder nicht nur, mit ihren eigenen Emotionen zurechtzukommen. Sie können auch ausprobieren, was geht und was nicht, welche Strategien Erfolg haben und welche scheitern. So machen Kinder einen sehr wichtigen Schritt in ihrer Entwicklung. Sie lernen, wie sie bekommen, was sie wollen, und wie sie umsetzen können, was ihnen wichtig ist. Einerseits probieren sie also aus, wie es ist, selbstwirksam, authentisch und selbstständig zu werden. Andererseits müssen Kinder in diesen Phasen aber auch das Scheitern üben und lernen, mit negativen Emotionen wie Frust zurechtzukommen.

Für uns Eltern ist diese Phase nicht nur deshalb schwierig, weil unsere Kinder bockig werden und unsere Geduld strapazieren. Das wirklich Anstrengende an der kleinkindlichen Trotzphase und der Pubertät sind die Emotionen, die unsere Kinder durchmachen. Denn diese Emotionen spiegeln das, was wir selbst als Kind erlebt – und oft noch nicht verdaut – haben.

## Zum ersten Mal getrennt

Entwicklungspsychologisch betrachtet ist die Trotzphase der Lebensabschnitt, in dem ein Kind zum ersten Mal beginnt, sich von den Eltern loszulösen. Es ist von der Welle einer großen Veränderung erfasst worden, die es auf seinen eigenen, eigenständigen Lebensweg schubst. Selbstständig werden ist eine tolle Sache, aber gleichzeitig haben Kinder auch Angst davor. Denn in Bezug auf die emotionale Entwicklung ist die Trotzphase der Moment, in dem es zum ersten Mal im Leben zu einer Trennung kommt. Die Kinder beginnen ihr „Ich" zu entdecken, das im Gegensatz zum „Du" steht. Anders gesagt: Die Kinder werden emotional unabhängig. Sie entdecken die innere Stimme, die auch das „Ego" genannt wird und durch die sie sich von anderen Menschen abzugrenzen beginnen. Das ist ein wichtiger Schritt, den alle Menschen auf dem Weg zum Erwachsenwerden tun müssen. Aber jeder Schritt hin zu Unabhängigkeit bedeutet auch emotionale Distanz – und sie tut weh. Deshalb sind Kinder in dieser Phase „dünnhäutig". Sie werden schnell wütend, weinen, schreien und sind manchmal verzweifelt.

Den emotionalen Wellenritt versuchen viele Kinder dadurch zu kompensieren, dass sie wieder ins Babyverhalten zurückfallen. Typischerweise brauchen Kinder im Trotzalter plötzlich wieder mehr Körperkontakt beim Einschlafen oder den Schnuller oder sie machen vielleicht wieder in die Hose, obwohl sie eigentlich schon trocken sind. Diese Zeichen können wir so verstehen, dass die Kinder einerseits weit voranschreiten und ihren Erfahrungsradius ständig erweitern. Andererseits müssen sie diese geistige, physische und psychische Weiterentwicklung emotional ausbalancieren. Sie brauchen die Rückversicherung der Eltern, bedingungslos geliebt und beschützt zu werden wie ein Baby – gerade weil sie sich emotional so weit von den Eltern entfernen und aufhören, ein Baby zu sein.

## Achtung: Trauma

Die Trotzphase ist eine hochemotionale Phase für jedes Kind. Die erhöhte emotionale Sensitivität der Kinder führt dazu, dass negative Emotionen besonders tief einschlagen können. Deshalb haben die schlimmsten Traumata unseres Lebens ihre Wurzel meistens in der Zeit der Trotzphase. Als Eltern können wir diese Traumata nicht verhindern. Jedes Kind wählt seinen Weg und geht das Leben auf seine eigene Weise an. Aber wir können dazu beitragen, dass Traumata nicht tiefer gehen als unbedingt nötig, indem wir versuchen, unseren eigenen Frust und unsere Ungeduld möglichst im Zaum zu halten. Natürlich ist es mühsam, wenn Kinder plötzlich wieder in die Hose machen, uns am Abend länger in Anspruch nehmen und wir noch einmal „Babybedürfnisse" erfüllen sollen. Aber wir helfen unseren Kindern am besten, wenn wir uns deshalb nicht aus der Fassung bringen lassen. Das Verhalten der Kinder ist eine ganz normale Begleiterscheinung ihrer Entwicklungsphase. Wenn wir das akzeptieren, fällt es uns leichter, mit den Herausforderungen dieser Momente umzugehen.

Verständnis und Akzeptanz sind in dieser Zeit auch deshalb so wichtig, weil sich in der kleinkindlichen Trotzphase nicht nur der eigene Willen herausbildet. Mit der Entdeckung des „Ichs" entsteht auch zum ersten Mal ein Verständnis dafür, wer wir sind, was wir können und weshalb wir liebenswert sind. Wenn wir Eltern vor allem negativ auf die missglückten Versuche unserer Kinder reagieren, Dinge allein zu tun, verstehen uns unsere Kinder falsch. Sie interpretieren unser Schimpfen und Tadeln als Bestätigung dafür, dass sie nicht gut sind und sich nichts zutrauen können. Wir bringen Kindern bei, dass sie sich nur geliebt fühlen dürfen, wenn sie Dinge gut machen. Neues auszuprobieren wird deshalb zum Risiko, weil es negative Konsequenzen haben kann. Die Kinder reagieren auf Tadel oft mit dem Gefühl, abgelehnt, nicht gehört und nicht verstanden zu werden oder im Stich gelassen worden zu sein.

Eines der schwerwiegendsten Traumata der frühen Kindheit, dem ich in meiner Arbeit immer wieder begegne, hat mit dem ersten Geschwisterchen zu tun. Die Geburt des zweiten Kindes fällt oft in die Zeit, in der sich das erstgeborene Kind in der Trotzphase befindet. In dieser ohnehin schwierigen Zeit, in der Kinder die Nähe ihrer Mutter wieder ganz besonders suchen und brauchen, kommt nun das Geschwisterchen zur Welt. Traumatisch ist dieses Ereignis für Kinder deshalb, weil sie die Ankunft des zweiten Kindes als einen „Sturz vom Thron" empfinden. Monatelang sind die Erstgeborenen die einzige Prinzessin und der einzige Prinz der Familie. Sie haben die volle Aufmerksamkeit ihrer Eltern und ihre ganze Liebe. Mit der Geburt des ersten Geschwisterkindes oder weiterer Geschwister erleiden viele Kinder ein Trauma, weil sie plötzlich das Gefühl haben, weniger geliebt zu werden. Sie glauben, sich die Liebe ihrer Mutter und ihres Vaters mit dem Neugeborenen teilen zu müssen und deshalb weniger zu bekommen. Aber das ist natürlich ein Irrtum. Es ist ein Missverständnis. Denn alle Eltern haben unendlich viel Liebe für ihre Kinder. Ihre Liebe geht nie „aus" und wird auch nie weniger, egal wie viele Kinder sie bekommen. Natürlich haben sie weniger Zeit, müssen sich auch um die jüngeren Geschwister kümmern und sind vielleicht weniger belastbar als zuvor. Aber der Eindruck, zu wenig Liebe zu bekommen, liegt nicht daran, dass die Mutter oder der Vater weniger Liebe schenken würden. Er hat vielmehr damit zu tun, dass wir durch die Geburt unserer Geschwister einen gewaltigen Wutanfall bekommen, weil die Dinge nicht mehr so laufen, wie wir sie haben wollen. Diesen Wutanfall nehmen wir zum Anlass, uns emotional von der Mutter und vom Vater abzuschneiden. Wir trennen uns von ihnen aus Trotz und Wut. Wenn wir das tun, schneiden wir uns natürlich auch von ihrer Liebe ab, obwohl sie weiterhin zu uns fließt. Aber wir wollen sie gar nicht mehr haben. Wir schließen eine Tür. Die verschlossene Tür richtet sich außerdem gegen die Liebe des Geschwisterchens. Oft vergöttern jüngere Kinder ihre älteren Schwestern und Brüder geradezu, aber diese wollen davon nichts wissen. Sie sind beleidigt und halten oft jahrelang an dieser Entscheidung fest. Daraus entwickelt sich mit der Zeit eine Dynamik der Konkurrenz, die viel „Sprengstoff“ für Probleme zwischen Geschwistern liefert.

Es ist unsere eigene Entscheidung, uns gegen die Liebe unserer Eltern und jüngeren Geschwister abzugrenzen. Trotzdem beschweren wir uns direkt und indirekt oft jahrelang darüber. Als Erwachsene können wir erkennen, dass das ironisch ist und nicht die Wahrheit sein kann. Wir können also einen Schritt machen und erwachsen werden, indem wir dieses Missverständnis loslassen. Wir können erkennen, dass wir die ganze Zeit geliebt wurden und dass es an der Zeit wäre, diese Liebe wieder in unser Herz zu lassen. Traumata, die wir nicht bearbeiten, „vererben“ wir übrigens immer an unsere Kinder. Darüber habe ich ausführlich im Kapitel „Familiendynamik erkennen und auflösen“ geschrieben. Wenn dein Kind eifersüchtig ist und Probleme mit seinem Geschwisterchen hat, möchtest du also vielleicht in deine eigene Geschichte eintauchen und nachspüren, was das mit dir und deinem Trauma zu tun haben könnte.

Unsere Traumata aus der Trotzphase wiederholen sich in der Regel noch einmal in der Pubertät. Durch die emotionalen Schläge dieses Ursprungstraumas können Menschen viele Jahre ihres Lebens „verlieren“, weil sie so stark mit den Folgen zu kämpfen haben. Im Kapitel „Familiendynamik erkennen und auflösen“ habe ich ausführlicher über dieses Phänomen und darüber gesprochen, wie wir als Erwachsene damit umgehen können. Denn die eigentliche Herausforderung der Trotzphase besteht für uns Eltern vor allem darin, die emotionale Konfrontation mit unserem eigenen Ursprungstrauma auszuhalten, das uns durch unsere Kinder gespiegelt wird. Wir finden es so schwer, ihre Wut, ihre Verzweiflung oder ihre Angst auszuhalten, weil diese Emotionen in uns selbst Resonanz erzeugen. Sie bringen eine Saite zum Schwingen, die uns selbst noch schmerzt. Auf diesen Schmerz reagieren wir in der Regel ungehalten.

Die Emotionen, die das Trotzalter und die Pubertät an die Oberfläche bringen, können wir nicht umgehen. Aber wir können lernen, sie nicht länger zu verurteilen. Es fällt uns leichter, Emotionen zu akzeptieren, wenn wir verstehen, was in der Trotzphase entwicklungstechnisch und emotional passiert – sowohl mit uns als auch mit unseren Kindern.

## Kinderkreativität kennt keine Tabus

Dass bei den Lernexperimenten des Trotzalters manchmal auch etwas schiefgeht oder die Kreativität unserer Kinder besonders bunte Blüten treibt, gehört genauso dazu wie die emotionalen Hochs und Tiefs dieser Phase. Wie wir Eltern aber auf solche Aktionen unserer Kinder reagieren, kann mit darüber entscheiden, ob eine Situation zum Trauma wird oder zum positiven Erfolgserlebnis.

*Als mein Sohn Jasper drei Jahre alt war, kam er einmal zu mir und sagte mit einem Ausdruck größter Wichtigkeit, ich solle mit nach draußen kommen und sehen, was er Tolles gemacht habe. Er führte mich auf unsere Terrasse und präsentierte stolz ein Dutzend winziger „Kackihäufchen", die er punktgenau in die Mitte jeder Bodenkachel „gemacht" hatte. Im ersten Augenblick war ich entsetzt. Fast hätte ich mit ihm geschimpft, weil es in meinen Augen nun einfach gar nicht in Ordnung war, auf die Terrasse zu machen! Aber ich sah, dass mein Sohn vor Stolz über seine „Heldentat" glühte. Es bedeutete ihm unglaublich viel, dass er eine solche Leistung hinbekommen hatte. Der kleine Bub stand da und explodierte fast vor Freude und Stolz über seinen Erfolg. Insgeheim musste ich zugeben, dass ich selbst beeindruckt war, wie er das nur hatte schaffen können. Welche Körperkontrolle hatte er hier bewiesen! Also schob ich den Gedanken zur Seite, dass ich viel Arbeit haben würde, die Bodenfliesen wieder sauber zu machen, und fing an zu lachen. Ich ließ die Freude und den Stolz meines Kindes auf mich überschwappen und herzte und drückte meinen Sohn, weil er etwas so „Großes" vollbracht hatte. Gemeinsam bestaunten wir sein „Werk" und ich lobte ihn ausgiebig für seine Leistung. Mein Kind war glücklich und ich hatte auf unerwartete Weise viel Spaß dabei. Anschließend war es eine ziemlich unangenehme Aufgabe, die Terrasse wieder sauber zu machen, aber es machte mir trotzdem nicht viel aus. Noch heute lachen wir gerne über diese Geschichte.*

## Selbstwert unterstützen

In der Trotzphase lernen Kinder also, mit Emotionen umzugehen, Erfolg zu feiern und Misserfolg zu verkraften. Wenn wir uns darüber im Klaren sind, was unser Kind gerade emotional und entwicklungspsychologisch durchmacht, sind wir eher bereit, von unserer eingefahrenen Routine abzuweichen, um neuen Lernexperimenten den nötigen Raum zu geben. Wir werden aufmerksamer dafür, wie wir unser Kind beim Lernen unterstützen können, sodass es mehr Erfahrungen des Erfolges als des Scheiterns machen kann. Wenn wir einem Kind erlauben, eine Aufgabe selbst zu erledigen, dauert es meistens länger. Dafür brauchen wir Verständnis und vor allem Geduld. Aber langfristig erreichen wir damit die Selbstständigkeit, die unser Kind braucht und die wir uns auch wünschen, weil sie unseren Alltag erleichtern wird: Was das Kind selbst tun kann, müssen wir nicht mehr für es tun.

*Theo hat vor Kurzem entdeckt, dass Mama die Haustür immer mit einem Schlüssel öffnet. Er will das auch machen. Aber der Schlüsselbund ist zu schwer für ihn. Außerdem hängt noch der Autoschlüssel mit dran und seine Mutter Ines möchte nicht, dass er auf den Boden fällt. Weil Theo den Schlüsselbund nicht haben darf, wird er wütend und schreit. Ines hält einen Moment inne und hält die Emotionen ihres Kindes aus. Dabei fällt ihr ein, dass sie doch den Haustürschlüssel vom Schlüsselbund entfernen und Theo in die Hand geben könnte. Mit ein wenig Hilfe seiner Mutter schafft der kleine Junge es tatsächlich, den Schlüssel ins Schloss zu stecken und umzudrehen. Als sich die Tür öffnet, beflügelt die Freude über das Erfolgserlebnis sowohl die Mutter als auch das Kind. Ines gibt ihrem Sohn einen dicken Kuss. Sie ist in diesem Moment genauso glücklich wie ihr strahlendes Kind.*

Manchmal reicht es aus, einen Moment innezuhalten, bevor wir losschimpfen. So öffnen wir uns für jene Funken der Intuition und der Kreativität, die oft aus einer schwierigen eine leichte Situation machen können. Denn meistens können unsere Kinder viel mehr, als wir denken. Wenn sie unsere Unterstützung haben und wir ihnen einen Moment lang Raum geben, etwas auszuprobieren, haben sie sehr oft Erfolg. Und ihr Erfolg ist schließlich auch unser Erfolg.

## Grenzen brauchen Klarheit, Verbindung – und Flexibilität

Trotzdem gibt es Situationen, in denen wir Eltern den „Fahrplan“ vorgeben müssen. Und es gibt Grenzen, die nicht überschritten werden dürfen. Nicht weil Kinder Grenzen brauchen. Genau genommen wollen Kinder überhaupt keine Grenzen haben. Sie wehren sich sogar dagegen. Aber es gibt dennoch fast überall ein Limit. Einerseits hat das mit Sicherheit zu tun, denn ein Kleinkind kann zum Beispiel den Straßenverkehr noch nicht einschätzen. Natürlich springen wir deshalb auf und ziehen unser Kind vom Straßenrand zurück, auch wenn ihm das nicht gefällt. Andererseits haben aber auch wir Eltern Grenzen, die mit unserer ganz persönlichen Art zu tun haben, Dinge zu ertragen – oder eben nicht. Bei manchen Grenzen kann uns Kreativität helfen, eine flexible Lösung zu finden, die für alle stimmt.

*Die dreijährige Magdalena findet es toll, von der Brücke im Dorf Steine in den Bach zu werfen. Aber ihre Fähigkeit zu zielen ist noch nicht besonders gut ausgeprägt. Die Steine fliegen überall hin. Ihre Mutter Eva macht sich Sorgen, dass das Kind ein Auto treffen könnte. Sie verbietet das Steinewerfen. Jedes Mal, wenn Mutter und Kind die Brücke überqueren, gibt es nervenaufreibendes Gezeter und Geschrei. Schließlich fährt Eva mit ihrer Tochter an die Reuss. Hier am Fluss gibt es viele Steine, aber weder Fußgänger noch Autos, die getroffen werden könnten. Magdalena darf so viele Steine werfen, wie sie will. Wenn sie aber im Dorf an der Brücke Steine werfen möchte, erinnert Eva sie daran, dass man das nur an der Reuss darf. Damit kann das Kind leben. Sie machen viele Ausflüge zum Fluss. Eva genießt die Auszeit in der Natur – und es gibt kein Geschrei mehr auf der Brücke.*

In anderen Situationen treffen wir aber auch auf Grenzen, die wir nicht verschieben wollen oder auf die wir nicht kreativ reagieren können. Für manche Grenzen wollen wir einstehen. Wenn wir diese persönlichen Grenzen nicht wahren, opfern wir uns auf. Das bedeutet, dass wir dem Kind etwas durchgehen lassen und darunter leiden. Der natürliche Austausch zwischen Geben und Empfangen, der uns Kraft, Spaß und Leichtigkeit gibt, gerät durch Aufopferung ins Stocken. Wir brennen mit der Zeit aus. Außerdem hat Aufopferung oft zur Folge, dass es nicht wir Erwachsenen sind, die den Rahmen vorgeben, sondern dass wir diese Aufgabe unseren Kindern übertragen. Wir machen unser Kind zum Alphatier der Familie und erlauben, dass es den Alltag der Familie bestimmt. Aber das ist kein guter Weg, denn Kinder sind mit dieser „Verantwortung" völlig überfordert. Sie fallen in eine Rolle, die ihrer Position innerhalb der Familie nicht entspricht. Deshalb entwickeln Alphakinder früher oder später ernsthafte soziale Probleme. Sie haben Schwierigkeiten, sich in Gruppen einzufügen, weil sie das Gefühl haben, sie könnten auch dort immer bestimmen. Alphakinder sind keine Teamplayer. Sie erwarten, dass ihre Wünsche an erster Stelle stehen und erfüllt werden. Dieses Verhalten mag zu Hause zwar Erfolg haben, aber im Außen funktioniert es nicht. Deshalb ecken Alphakinder überall an und sind nicht beziehungsfähig.

Aufopferung und unwahre Rollen wie das Alphakind können wir verhindern, wenn wir als Eltern in unserer Mitte bleiben und aus der Verbindung zu uns selbst heraus zu einer natürlichen Autorität finden. Diese Autorität ist weder aggressiv noch fordernd oder abgrenzend. Sie lebt von der Klarheit, die eine wahre Verbindung auf Herzensebene zwischen uns und unseren Kindern auf natürliche Weise schafft. Wenn wir aus dieser Energie heraus Grenzen ziehen, sind wir nicht aggressiv. Wir stehen für uns ein, aber ohne uns durch Abgrenzung zu trennen. Wir bleiben emotional verbunden und dennoch klar in dem, was wir wollen und was nicht.

*Mit zwei Buben im Haushalt ging es bei uns oft ziemlich laut und wild zu. Meine Eltern und meine Schwester hatten damit große Mühe. Aber ich gewöhnte mich mit der Zeit an den hohen Geräuschpegel und an ein gewisses Maß an Chaos. Allerdings wurde manchmal meine persönliche Grenze erreicht, zum Beispiel wenn Pudding an die Wand flog. Das war ein Zeichen für mich, dass wenigstens einer meiner Söhne eine Auszeit brauchte. Das hieß, dass ich ihn in sein Zimmer brachte, sodass er sich beruhigen konnte. Ich sagte ihm jedes Mal genau, wie lange er im Zimmer bleiben musste. Wir brauchten beide eine Pause und wenn sie vorbei wäre, würden wir uns wiedersehen. Meistens dauerte eine Auszeit bei uns zehn Minuten.*

*In seinem Zimmer fühlte sich mein Sohn sicher. Meine Versicherung, dass ich ihn nach der abgemachten Zeit wieder holen würde, gab ihm zusätzliche Sicherheit. Deshalb hatte er keine Angst. Dadurch, dass ich ihm nicht vorschrieb, womit er sich während der Auszeit beschäftigen sollte, ließ ich ihm außerdem die Freiheit, innerhalb gewisser Grenzen selbst zu entscheiden.*

*Mein Sohn ging oft nicht gerne in die Auszeit. Aber wenn es nötig war, setzte ich mich immer durch. Ich hob ihn auf und brachte ihn in sein Zimmer – gewaltfrei, nicht dominant, aber konsequent. Wenn die Zeit, die wir vereinbart hatten, vorbei war, holte ich ihn. Manchmal kam mein Sohn schon früher von allein zurück. Wenn wir gerade erst mit der Auszeit begonnen hatten, brachte ich ihn zurück in sein Zimmer. Dauerte es aber nur noch eine oder zwei Minuten, bis die Auszeit ohnehin vorbei gewesen wäre, zeigte ich mich nachsichtig. Es ging mir nicht darum, eine Abmachung strikt und bis ins Detail durchzuziehen, sondern um die Ruhepause, die mein Kind und ich selbst brauchten, sodass jeder wieder zu sich selbst finden konnte.*

## Regeln werden gebrochen

Starre Regeln sind dominant. Sie spiegeln einseitig den Willen der Autoritätsperson wider und tragen nicht dazu bei, Verbindung zu schaffen. Deshalb fordern sie es geradezu heraus, dass sie gebrochen werden. Daher spreche ich lieber von Leitplanken. Sie sollen nicht stur eingehalten werden, sondern Sinn machen. Sie sollen leiten und dafür brauchen sie innerhalb ihrer Grenzen ein gewisses Maß an Flexibilität. Kinder verändern sich jeden Tag und jede Situation ist anders. Deshalb müssen wir auch unsere Leitplanken immer wieder an ihre Entwicklungsschritte oder an die Besonderheit des Augenblicks anpassen. Sonst sind die Leitplanken nicht nachvollziehbar und dagegen rebellieren Kinder aus gutem Grund. Wichtig ist bei Leitplanken vor allem, dass wir im Grundsatz konsequent bleiben: Eskalierendes Verhalten soll eine Folge haben. Bei uns war das die Auszeit. Sie muss bei dir zu Hause nicht unbedingt im Kinderzimmer stattfinden. Finde einen geeigneten Ort, an dem sich dein Kind sicher fühlt und die Möglichkeit hat, zur Ruhe zu kommen. Das kann unter dem Tisch sein, im Spielhäuschen oder auf dem Balkon. Der klare Rahmen wird ausgesprochen: Wir machen eine Auszeit am vorbestimmten Ort, an dem du sicher bist. Wenn die Auszeit vorbei ist, darfst du wiederkommen oder ich hole dich ab. Eine Time-Timer-Uhr kann dabei hilfreich sein, weil sie Kindern visuell darstellt, wie lange zehn Minuten dauern.

Außerdem ist es wichtig, dass wir bei der Durchsetzung solcher Regeln mit unserem Kind in Verbindung bleiben. Damit meine ich, dass wir keine Gewalt anwenden und den energetischen Kontakt zu ihm nicht unterbrechen. Wir sehen uns zwar nicht, aber wir fühlen trotzdem, dass wir zusammengehören und uns gernhaben. Mit der Zeit lernen Kinder, sich auf diese Sicherheit zu verlassen. Dann wird die Auszeit zu einem Anker, der hilft, eskalierende Situationen zu verhindern.

## Schlagen ist nicht in Ordnung

Auch körperliche Übergriffe gehören zu den Grenzen, die nicht überschritten werden dürfen – auch dann nicht, wenn Kinder wütend werden. In der Trotzphase fangen manche Kinder an, nicht nur verbal, sondern auch physisch um sich zu schlagen. Wenn sie ihre Geschwister oder andere Kinder stoßen, kratzen, schlagen oder beißen, müssen wir Erwachsene eingreifen. Manche Kinder finden ohne Hilfe keine andere Möglichkeit, emotionalen Schmerz auszudrücken, als körperlich übergriffig zu werden. Sie treten oder schlagen um sich, weil sie sich anders nicht zu helfen wissen. Auch wenn wir das nachvollziehen können, ist es nicht in Ordnung, anderen Kindern oder Erwachsenen wehzutun. Deshalb müssen wir Eltern ganz deutlich sagen: „Stopp, das tut weh. Schlagen und Wehtun sind nicht in Ordnung.“ Nur so können Kinder lernen zu unterscheiden, welches Verhalten in Ordnung ist und welches nicht. Wenn wir nicht klar sind in unserer Kommunikation, sind die Kinder es in ihrem Verhalten auch nicht. Auf klare und unklare Kommunikation gehe ich weiter unten noch genauer ein.

**Wenn Kinder schlagen, vermissen sie Nähe.**

Schlagen, Treten und Kratzen hat jedoch noch eine andere Ebene, die zu verstehen enorm wichtig ist. Kleinkinder, die körperlich übergriffig werden, haben nicht die Absicht, anderen wehzutun. Was sie wirklich wollen, ist Aufmerksamkeit, Liebe und Nähe. Die Kinder schlagen, um deutlich zu machen, dass sie etwas von uns Erwachsenen brauchen. Das Kind sucht Körperkontakt.

Kinder erfahren in der Entwicklungsphase des Trotzalters zum ersten Mal Trennung und Distanz. Hauen und Schlagen ist ein hilfloser Versuch, mit diesem neuen Gefühl umzugehen. Wenn wir das verstehen, wird uns klar, dass ein Kind in einer solchen Situation nicht Tadel braucht, sondern unsere Zuwendung. Wir müssen ihm eine Alternative aufzeigen, wie es Nähe mit uns erfahren kann. Du kannst dein Kind zum Beispiel auf den Schoß oder fest in den Arm nehmen. Wenn wir einem aggressiven Kind die Möglichkeit geben, Körperkontakt mit uns zu spüren, wird es aufhören zu schlagen.

**Deshalb gibt es bei der Auszeit eine wichtige Ausnahme: Wenn dein Kind schlägt, haut, kratzt oder beißt, schicke es nicht in die Auszeit. Gib ihm die Möglichkeit, mit dir Körperkontakt aufzunehmen und sein Bedürfnis nach Nähe zu stillen.**

## Erfahrungen aus meinem eigenen Familienalltag

In der Trotzphase entdeckt das Kind, dass es genau das Gegenteil dessen machen kann, was die Mutter will. Wenn draußen Minusgrade herrschen, muss man warme Schuhe anziehen. Aber das Kind tut es nicht – nur deshalb, weil es gerade gelernt hat, dass es auch seinen eigenen Willen durchsetzen kann. Weil dieser eigene Wille noch nicht sehr komplex ist, heißt „eigen" zunächst einfach nur „das Gegenteil von dem, was Mama oder Papa sagt". Wenn wir Eltern starr auf einer Sache beharren, die unser Kind nicht will, sind seine Möglichkeiten begrenzt. Dann kann es nur noch „Nein" sagen, auch wenn es noch so sinnlos ist. Solche Situationen strapazieren unsere Nerven. Diese fünf Methoden haben mir fast immer geholfen:

### Nachgeben und sehen, was passiert

*Mein Sohn Oliver wollte eine Zeit lang keine Schuhe anziehen, obwohl es draußen bitterkalt war. „Nein" war in dieser Zeit sein Lieblingswort. Irgendwann gab ich den Kampf auf und ließ ihn im tiefsten*

*Winter barfuß in den Garten gehen. Es konnte ihm dadurch ja kein ernsthafter Schaden zustoßen. Mein Sohn blieb genau vier Sekunden lang barfuß im Schnee, dann zog er freiwillig die Schuhe an – aus eigenem Willen heraus. Und das Thema mit den Schuhen war fortan erledigt.*

- Lasse dein Kind eigene Erfahrungen machen und aus eigenem Antrieb heraus handeln und entscheiden, wann immer es möglich ist. Kinder wollen experimentieren und die Welt selbst entdecken, auch wenn sie sich dabei einmal kalte Füße holen.

## Mit positiver Ausrichtung sprechen

Wenn wir Hinweise und Ermahnungen positiv formulieren, sprechen wir aus einer hilfreichen Haltung heraus. So haben unsere Worte mehr Erfolg.

- Sage deinem Kind: „Schau, dass das Glas auf dem Tisch stehen bleibt." Sage nicht: „Wirf das Glas nicht runter." Du kannst auch sagen: „Gib acht, dass dein Pullover trocken bleibt."
- Sagen wir: „Verschütte das Wasser nicht, sonst wird dein Pullover nass", können wir damit rechnen, dass genau das passiert. Fast so als wären unsere Worte – und vor allem die Angst dahinter – ein Magnet, der anzieht, was wir befürchten.

## Bleibe in deiner Mitte und setze dich gewaltfrei durch

Manchmal bleibt keine Zeit, um das Kind selbst entscheiden zu lassen. Manchmal muss etwas jetzt sofort und schnell passieren, obwohl unsere Kinder trotzen und bocken.

- Setze dich trotzdem durch. Klar, aber gewaltfrei.
- Werde nicht zum Täter, aber gehe auch nicht in die Opferrolle, wenn dich dein Kind beispielsweise aus Wut tritt. Bleibe in deiner Mitte und bleibe verbunden.

- Gehe auch nicht in Zweifel oder Schuldgefühle: Bin ich vielleicht zu grob? Sollte ich es vielleicht anders machen? Tue das, was du für wahr und richtig hältst – nicht das, was du der Meinung anderer nach tun solltest.

### Kinder ernst nehmen und nachfragen

- Wenn sich dein Kind widersetzt, schaue, aus welchem Grund es das tut. Nicht jedes Trotzen ist ein Trotzen aus Prinzip.
- Frage, warum dein Kind zum Beispiel nicht in den Kindergarten gehen will. Nimm seine Argumente ernst.
- Sprich mit der Betreuerin oder dem Betreuer, um eine andere Perspektive zu bekommen. Vielleicht gibt es ein Problem, das du nicht kennst.

### Arbeite an deiner Geschichte

- Arbeite daran, dass deine eigene Geschichte in Frieden kommt. So fällt es dir leichter, in deiner Mitte und verbunden zu bleiben, wenn Urteile und Emotionen aufkommen.
- Sind wir nicht in unserer Mitte, reagieren wir oft aus Wut und Verzweiflung heraus gewaltsam. Wenn Wut und Aggression die Standardverhaltensweisen auf rebellisches Verhalten sind, so lernen Kinder: Wenn sich jemand rebellisch verhält, wird man wütend und wendet körperliche Gewalt an.
- Zeige deinem Kind stattdessen, dass Emotionen in Ordnung sind. Zeige ihm, wie man trotzdem in seiner Mitte bleibt und wieder dorthin zurückfindet.

## Bonding

Das Wort „Bonding“ kommt aus dem Englischen. Es bedeutet „innige Herzensverbindung“ oder „bedingungslos lieben und geliebt werden“. Wenn das Bonding in einer Familie stark ist, gibt es auch weniger Rebellion, weniger Autoritätskonflikt und mehr Vertrauen. Das bedeutet ganz konkret, dass auch die Phasen des Trotzalters und der Pubertät weniger konfliktreich verlaufen. Bonding zwischen uns und unseren Kindern beginnt bereits in der Schwangerschaft. Im Kapitel zu diesem Thema habe ich das Prinzip bereits ausführlich erläutert. Bonding können wir aber auch später noch jederzeit durch entsprechende Übungen stärken und wieder aufleben lassen. Die Bonding-Übungen, die ich im Kapitel über die Schwangerschaft beschreibe, kannst du immer nutzen, wenn dein Kind Schwierigkeiten hat oder macht. Sie helfen ihm und auch dir selbst, wieder zurück in eure Mitte, in Verbindung und Vertrauen zu finden.

Grundsätzlich leben Kinder ihre rebellischen Phasen immer mit demjenigen Elternteil stärker aus, von dem sie glauben, dass er das auch aushalten kann. Wenn ein Elternteil ausweicht oder nicht bereit ist, den Konflikt auszuhalten, streiten Kinder mit dem anderen Elternteil weiter. Kinder wollen einerseits allein durch ihre schwierigen Phasen gehen, andererseits wollen sie dabei aber nicht alleingelassen werden. Bonding-Übungen helfen euch, Probleme und negative Emotionen zu überwinden. Sie lenken den Fokus auf Vertrauen und Verbundenheit, statt in der Dynamik der Rebellion und des Konflikts zu bleiben.

## Wahre Kommunikation

**Kinder tun nicht das,
was Eltern ihnen sagen, sondern das,
was ihre Eltern tun.**

Wenn Kinder in die Trotzphase und vor allem später in die Pubertät kommen, wissen sie plötzlich nicht mehr, wer sie sind. Sie sind auf der Suche nach ihrer eigenen Identität, nach Klarheit, Orientierung und Halt. Auch wenn es nicht immer so aussehen mag, richten sich Kinder in diesen Phasen an ihren Eltern aus. Sie nutzen das gewohnte Umfeld, um sich Leitplanken für ihren eigenen Weg zu suchen. Sie beginnen ihre Eltern zu kopieren. Vieles von dem, was wir am Verhalten unserer Kinder sehen und was uns nicht gefällt, Angst macht oder verletzt, kommt also von uns selbst. Das betrifft auch die Emotionen, die unsere Kinder beschäftigen.

Wenn wir als Eltern eine Situation erleben, die uns Angst macht, können wir noch so oft sagen: „Es ist alles gut." Wenn wir nicht fühlen, dass alles gut ist, und selbst kein Vertrauen haben, dass es wirklich gut kommt, wird auch unser Kind es nicht haben. Denn unser Kind setzt sein Vertrauen nicht in unsere Worte, sondern in unsere Emotionen und Gefühle. Es tut nicht das, was wir sagen, sondern das, was wir tun: Angst haben. Genauso verhält es sich mit Schmerz, emotionalen Verletzungen oder anderen negativen Emotionen, die wir lieber wegdrücken als spüren möchten. Wenn ich als Mutter sage, dass mir etwas wirklich nichts ausmacht, insgeheim aber sehr verletzt bin, verwirre ich mein Kind. Ich sende eine doppeldeutige Nachricht, denn meine Worte entsprechen nicht meinen Emotionen. Sie sind nicht wahr. Kinder spüren diese Diskrepanz. Viele der Kinder, die in den letzten Jahren geboren wurden, haben eine besonders hohe Sensitivität. Sie fühlen und spüren viel mehr als ihre Eltern. Deshalb kann es für diese Kinder sehr schwierig sein, wenn Eltern nicht ehrlich mit ihren eigenen Emotionen und Gefühlen umgehen.

Auch Muster wie Aufopferung, das Festhalten an zerbrochenen Träumen, Selbstsabotage und Selbstangriff bringen wir unseren Kindern unbewusst bei, sofern wir nicht an diesen Themen arbeiten und sie in unser eigenes Bewusstsein bringen. Je mehr wir uns aber mit unserer eigenen Geschichte befassen und schmerzhafte Emotionen aus der Vergangenheit auflösen, desto weniger „Altlasten" vererben wir an unsere Kinder. Außerdem fällt es uns dadurch immer leichter, zu dem zu stehen, was wir fühlen. Unsere Kinder nehmen unsere Emotionen ohnehin wahr und bemerken unsere Muster. Wir können sie nicht vor ihnen verstecken, auch nicht durch kalkulierte Worte und abgeklärtes Verhalten. Aber wir können ihnen zeigen, dass wir selbst dabei sind zu lernen, besser mit Schmerz, Enttäuschung oder Angst umzugehen. Wir können ihnen beibringen, dass

Emotionen einen Platz im Leben haben, gefühlt werden dürfen und losgelassen werden können. So erfahren unsere Kinder, dass auch ihre eigenen Emotionen keine Katastrophe sind. Anders gesagt: Wenn wir wollen, dass unsere Kinder glücklich werden, müssen wir zuerst selbst lernen, glücklich zu sein. Wie wir lernen, glücklicher zu sein, weil wir uns trauen, Emotionen zu fühlen, kannst du zum Beispiel im Kapitel „Probleme sind nicht in Stein gemeißelt“ nachlesen.

## Die nächste Ebene: Pubertät

Die Trotzphase ist in gewisser Weise ein „Vorbereitungsseminar“ für Eltern auf die Pubertät. Denn dann spielt sich die gleiche Geschichte noch einmal ab, aber auf einer höheren Ebene. Die Kinder sind älter und haben in vielen Bereichen ihres Lebens bereits große Fähigkeiten entwickelt. Wenn Kinder in die Pubertät kommen, wollen sie vor allem keine Regeln mehr einhalten. Pubertierende Jugendliche fordern uns Eltern auf einer neuen Ebene heraus, uns mit uns selbst zu beschäftigen. Unsere Kinder haben inzwischen gelernt, verbal zu argumentieren, oder verheimlichen gewisse Dinge vor uns. Sie verfügen oft über große physische Kraft und haben sich ein ganzes Repertoire sozialer Handlungsweisen angeeignet, mit denen sie ihren Willen jetzt stärker durchsetzen können, als es im Trotzalter der Fall war. Zum Glück sind aber auch wir Eltern mit unseren Kindern gewachsen und ebenfalls auf einer anderen Ebene angekommen. Trotzdem ist es für keine Mutter und keinen Vater leicht, gut durch diese Phase zu kommen.

Das Schwierigste an der Pubertät unserer Kinder ist, dass wir Eltern uns völlig hilflos fühlen. Unsere Kinder leiden, aber wir können fast nichts tun. Denn die Pubertät ist eine Phase, in der wir Eltern nicht mehr bestimmen können. Diese Hilflosigkeit müssen wir akzeptieren. Akzeptanz hilft uns, wieder in Verbindung miteinander zu kommen. Auch Bonding hilft uns an diesem Punkt sehr. Es stärkt das Vertrauen in unsere Kinder, obwohl wir nicht alles verstehen, was sie tun. Auch eine starke emotionale Verbundenheit zwischen den Eltern ist eine enorme Stütze in dieser Zeit, weil wir dann gemeinsam durch die Prozesse gehen. Wir sind verbunden und das gibt uns das Gefühl: „Wir schaffen das."

Wenn wir gegen die Hilflosigkeit ankämpfen, halten wir an emotionaler Trennung fest und dadurch wird alles nur schlimmer. Organisieren, Machen und Tun sind Strategien, mit denen wir versuchen, unsere Hilflosigkeit und andere negative Emotionen zu unterdrücken. Aber diesen Emotionen können wir nicht ausweichen. Wenn wir uns wieder auf der Herzebene miteinander verbinden wollen, müssen wir Emotionen durchfühlen. Hilfe dafür findest du im Kapitel „Probleme sind nicht in Stein gemeißelt".

## Die Falle der Fusion

Die Emotionen, die in der Pubertät bei unseren Kindern auftauchen, sind sehr intensiv und oft sehr schmerzhaft. Für Eltern sind diese Emotionen doppelt schlimm, denn wir kennen sie aus unserer eigenen Geschichte. Oft sind es tiefe, schwere Emotionen, die mit unseren Kindheitstraumata zu tun haben. Wir scheuen uns also deshalb, mit unseren pubertierenden Kindern auf der Gefühlsebene eine Verbindung aufzubauen, weil wir dadurch mit unserem eigenen tiefen, alten Schmerz in Kontakt kommen. Wir glauben, dass wir dadurch selbst wieder die Sinnlosigkeit fühlen oder depressiv werden müssen. Weil wir nicht verhindern können, dass sich unsere Kinder so elend fühlen, geht es uns sogar noch schlechter. Wir zermartern uns den Kopf, machen uns Sorgen und können nicht mehr schlafen. Weil wir so sehr mitfühlen, leiden wir fast noch mehr als unsere Kinder.

Diese Form des „Mitleidens" bezeichnet Chuck Spezzano als „Fusion". Gemeint ist damit nichts Positives. Denn wenn wir so sehr mitleiden, dass wir selbst depressiv werden, sind wir nicht hilfreich. Wir opfern uns auf in dem Versuch, unseren Kindern zu helfen. Aber Aufopferung fühlt sich für niemanden gut an. Sie ist ein energetischer Angriff und bedeutet: „Du schaffst es nicht, also muss ich deine Last tragen und mich für dich aufopfern." Wenn wir in Fusion sind, sind wir deshalb keine Stütze, kein Anker und auch kein sicherer Hafen. Aber genau das brauchen unsere pubertierenden Kinder: einen Ort, an den sie mit ihren Emotionen und Gefühlen kommen können, ohne dadurch eine Katastrophe auszulösen. Sie brauchen Erwachsene, die starke Emotionen aushalten können, ohne deshalb selbst umzufallen.

Unsere Kinder sind unser Herzblut. Deshalb ist es so schwer, nicht in Fusion zu fallen, wenn sie leiden. Oft drücken wir aus schierer Verzweiflung unsere alten Emotionen wieder weg. Wir versuchen, die Hilflosigkeit und den Schmerz auszusperren, rational zu sein und Probleme intellektuell anzugehen. Das ist aber keine wirksame Strategie. Unaufgelöste Emotionen kommen immer wieder zurück an die Oberfläche. Dann machen sie uns abweisend, gefühlskalt oder depressiv. Wir werden aggressiv und autoritär in dem hilflosen Versuch, mit unseren Emotionen, unserem Schmerz und unserer Angst zurechtzukommen. Wenn wir in Fusion und Aufopferung gefangen sind, können wir unsere pubertierenden Kinder nicht unterstützen. Wir tragen sogar dazu bei, dass ihre Probleme noch größer werden. Denn wenn sie mit ihren Emotionen, Fragen und Problemen nicht zu uns kommen können, weil sie uns dadurch depressiv oder aggressiv machen, wohin sollen sie denn gehen?

Deshalb müssen wir Eltern trotz der schwierigen Situation zuerst selbst an einen Ort kommen, an dem wir uns kraftvoll fühlen und wieder im Vertrauen sind. Diesen Ort besitzen alle Menschen. Wir finden ihn in unserer Mitte. Wenn wir in einem Problem feststecken, vergessen wir aber meistens, dass es ihn gibt. Wir wollen uns möglichst schnell an diesen heiligen Ort in uns erinnern. Denn was unseren Kindern hilft, ist unsere Stabilität, der Boden unter unseren eigenen Füßen, die liebevolle Verbindung und das Vertrauen, dass sie es schaffen.

**Vertrauen ist dein Rettungsanker.**

Stabilität finden wir nicht nur in unserer Mitte, sondern auch in einer liebevollen, verbundenen Partnerschaft. Oft streiten Eltern, wenn ihre Kinder pubertieren. Das hat schlimme Auswirkungen auf unsere Kinder. Sie haben noch weniger Halt, verschließen sich oder meiden das Elternhaus. Das ist das Schlimmste, was uns Eltern passieren kann. Wir haben keine Beziehung mehr zu unseren Kindern und kommen nicht mehr an sie heran. Aber wie sieht es mit unserer eigenen Beziehung aus, wenn wir nur noch streiten? In diesem Alter können wir unseren Kindern nichts mehr vormachen. Sie kennen uns genau und durchschauen unsere Probleme. In dieser Entwicklungsphase haben wir keine Chance mehr, Kindern etwas beizubringen, sondern können ihnen nur vorleben, für was es sich zu leben lohnt. Wir können dazu stehen, dass wir Schwierigkeiten haben, aber auf der Suche nach einem besseren Weg sind. Unsere Partnerschaft ist die Basis der Familie. Es lohnt sich, in sie zu investieren und für sie zu kämpfen. Denn unsere Partnerschaft bleibt bestehen, auch wenn die Kinder das Nest verlassen und ihr eigenes Leben finden.

## Übung: Fusion überwinden

Fusion ist also eine Falle, die uns in eine Scheinverbindung lockt. Sie verkettet uns auf eine Weise, die dazu führt, dass niemand stabil steht. Wir haben Angst vor dem Fallen, weil wir ebenfalls untergehen, wenn unsere Kinder straucheln. Vertrauen und Loslassen führen uns dagegen in eine Verbindung, die trägt, auch wenn einer von uns fällt. In wahrer Verbundenheit zu sein ist eine der wichtigsten Aufgaben für uns Eltern, wenn wir pubertierende Kinder haben. Die folgende Übung hilft dir dabei.

- Antworte intuitiv und spontan auf die folgende Frage. Auf einer Skala von null bis hundert: Wie viel Prozent der Depression, der Sinnlosigkeit, des Herzschmerzes oder anderer negativer Emotionen deines Kindes hast du übernommen und in dich aufgesogen?
- Wie viel Anhaftung und Ankettung an Depression, Schmerz und Sinnlosigkeit hast du von anderen in dein „System“ über-

nommen? Erkenne, dass alle Negativität, die du von anderen übernimmst, niemandem hilft. Sei bereit, diese negative Energie abzugeben.

- Stelle dir vor, dass alle negativen Emotionen, die du übernommen hast, in einen Krug fließen. Nimm diesen Krug und schütte ihn in den Fluss der Liebe. Schüttle noch ein wenig, bis kein Tropfen mehr im Krug ist. Wirf auch den Krug ins heilende Wasser, lasse ihn gehen und gib ihm deinen Segen.
- Die heilende Kraft der Liebe gibt dir einen neuen Krug. Er ist leicht, köstlich, warm und strahlend. Er enthält Vertrauen, Verbindung, Mutterliebe und Vaterliebe. Nimm dieses Geschenk an und gieße es auf den Boden unter deinen Füßen und über deinen Kopf. Spüre, was die Liebe mit dir macht.
- Entscheide dich zu lieben. Gib deinem Kind so viel Vertrauen und Liebe, wie du kannst. Gib ihm noch mehr davon.
- Verbinde dich im Geist mit deinem Partner, deiner Partnerin oder dem Vater, der Mutter deines Kindes. Gib auch ihm oder ihr dein Vertrauen. Auch wenn ihr getrennt seid, geht ihr diesen Weg gemeinsam.
- Sieh vor deinem geistigen Auge, dass dein Kind seinen Weg findet. Sieh, wie es auf gutem Boden steht und in ein glückliches, leichtes Leben geht. Schaue ihm nach mit Vertrauen im Herzen, mit Segen in deinen Augen und mit der ganzen frohen Kraft deiner elterlichen Liebe.

Die anderen Kapitel dieses Buches enthalten weitere Übungen, die dir helfen, deine Mitte zu finden und die Verbindung zu dir selbst und deinen Lieben wiederherzustellen. Alle Übungen in diesem Buch wirken lösend, heilend und ermutigend. Sie helfen dir, die Stimme deines liebenden Herzens zu hören und zu fühlen.

# Kapitel 8

## Alle Antworten liegen in deinem Herzen

Mit Emotionen können wir umgehen. Wir lernen, mit ihnen zu wachsen und sie in positive Gefühle zu verwandeln. Die Möglichkeiten der Veränderung sind grenzenlos. Wenn wir uns auf Wahrheit, auf die Liebe, die göttliche Kraft und die Führung unseres höheren, nach Liebe strebenden Selbst ausrichten, ist alles möglich. Wie die Emotionen kommen auch die Phasen unseres Lebens in Wellen. Sie kommen und gehen, steigen und brechen. Wenn wir akzeptieren, dass wir fühlen, dass wir Emotionen haben, gehen wir mit dem Fluss. Wir steigen mit ihnen und reiten auf der Welle über sie hinweg, bis sie verebben. Wenn wir aufhören, Emotionen zu verurteilen, sie vielmehr akzeptieren und fühlen, können wir erwachsen werden. Wir lernen, die Wellen des Lebens zu reiten, statt mit ihnen unterzugehen. Wir werden zu sicheren Surfern und zu inspirierenden Wellenreitern, die mit ihrem Board in der Hand aufstehen und lachen, wenn sie doch einmal von einer Welle erwischt worden sind. Mit jeder Welle, die wir überstehen, wird das Leben leichter. Der Sand an unserem Strand wird feiner, die Sonnenuntergänge immer spektakulärer und wir erreichen die höchsten Ebenen der Erfüllung, weil wir so sehr lieben. Das ist meine Vision. Das ist der Weg, auf dem ich dich begleiten möchte.

Weitere Inspirationen zur Arbeit
der Autorin findest du unter:
www.susanne-ernst.ch

## Weitere Titel aus dem Verlag Via Nova:

### Psychology of Vision

**Grundprinzipien spiritueller Psychologie**
**Chuck und Lency Spezzano**

Taschenbuch, 224 Seiten, ISBN 978-3-86616-507-6

Die von Chuck und Lency Spezzano entwickelte *Psychology of Vision* ist eine gelungene Synthese von Psychologie und visionärer Spiritualität. Ihr Ziel ist nicht weniger als eine ganzheitliche und umfassende Transformation, die ein lebenswertes, glückliches und erfülltes Leben ermöglicht. Dieses systematisch und übersichtlich aufgebaute Grundlagenbuch vermittelt einen Einblick in die Einsichten, Modelle, Konzepte und Methoden, die Chuck und Lency Spezzano im Laufe der letzten viereinhalb Jahrzehnte gemeinsam erarbeitet haben und die das Fundament der *Psychology of Vision* bilden. Es vertieft nicht nur die Heilungsprozesse, die durch den Besuch von Workshops oder durch die Lektüre anderer Bücher der Autoren angestoßen wurden, sondern ist darüber hinaus ein äußerst hilfreicher Begleiter für alle Menschen, die einen Weg der Heilung gehen möchten.

### Empathie und Hilfsbereitschaft

**Die heilenden Prinzipien der Hochsensibilität**
**Chuck Spezzano**

Taschenbuch, 176 Seiten, ISBN 978-3-86616-522-9

So wie es ist, kann es nicht bleiben. Das ist inzwischen wohl fast jedem von uns klar geworden, aber gerade hochsensible Menschen besitzen eine angeborene Zartheit, die erkennt, dass es einen besseren Weg gibt, und die sie befähigt, zur Weiterentwicklung und Heilung der Welt beizutragen. Das Mitgefühl, das ihrer Hochsensibilität entspringt, weckt ihre Hilfsbereitschaft, und Menschen, die sich dem Wohl der Welt verschrieben haben, werden dringend gebraucht, um der Erde einen leichten Übergang auf neue und höhere Ebenen zu ermöglichen. Der international bekannte Lebenslehrer und Visionär Chuck Spezzano widmet sich in diesem Buch den heilenden Aspekten der Hochsensibilität und erläutert, wie hochsensible Menschen auch durch ihre eigene Heilung einen enorm wichtigen Beitrag zur Heilung der Welt leisten können.

### Die spirituelle Dimension der Hochsensibilität

**Chuck Spezzano**

Taschenbuch, 160 Seiten, ISBN 978-3-86616-506-9

Die Zahl hochsensibler Menschen nimmt in der heutigen Zeit immer mehr zu und gerade ihre außergewöhnlich empfindsame und empathische Natur stellt sie im Leben oft vor besonders große Herausforderungen. Dabei bedarf es gerade dieser Qualitäten, um den Wandel zu bewirken, den die Welt so dringend braucht. Der international bekannte Lebenslehrer und Visionär Chuck Spezzano bringt Erfahrungswissen und Weisheit aus über fünfundvierzig Jahren in sein neues Buch zu diesem Thema ein. Er gibt wertvolle Hinweise, wie hochsensible Menschen ihr Leben meistern, in ihrer eigenen Entwicklung vorangelangen und mit ihren besonderen Gaben und Begabungen zugleich einen immens wichtigen Beitrag zur Entwicklung der Menschheit und der Welt leisten können. Ein unerlässlicher Ratgeber – auch für die Eltern und Partner hochsensibler Menschen!

## Worte der Kraft

**aus *Ein Kurs in Wundern***
**mit Interpretationen von Chuck Spezzano**
**Chuck Spezzano**

Klappenbroschur, 400 Seiten, ISBN 978-3-86616-487-1

Nicht viele universelle Weisheitsbücher haben eine solch große transformatorische Kraft und Dimension wie das Buch *Ein Kurs in Wundern*. Auch der international bekannte Weisheitslehrer Chuck Spezzano schöpft seit Jahrzehnten aus der göttlichen Inspiration dieses Meisterwerks. Er hat daraus für jeden Tag des Jahres eine Botschaft in einem Satz ausgewählt, ihn in einem kurzen Ausschnitt in den Zusammenhang des Buchtextes gestellt und diese außergewöhnlichen „Worte der Kraft" durch seinen eigenen Kommentar ergänzt. Es sind tief berührende Erläuterungen, Anregungen, Anstöße und Interpretationen. Dieses Buch enthält Worte, die unser tiefstes inneres Sein nähren und erhellen können.

## Willst Du Recht haben oder glücklich sein

**So gelingt eine harmonische Partnerschaft**
**Chuck Spezzano**

Klappenbroschur, 304 Seiten, ISBN 978-3-86616-449-9

Nirgendwo sonst können wir uns intensiver erfahren und erkennen als in unseren Partnerschaften. Das größte Geschenk, das wir uns dabei machen können, ist es, überall wo Schwierigkeiten, Schmerz oder Kampf bestehen, unsere Projektionen zu entlarven und Bewusstheit hinzubringen. Der international bekannte Therapeut und Coach Chuck Spezzano widmet sich in diesem Buch dem Thema der glücklichen Partnerschaft mit all seiner Leidenschaft, seinem tiefen Wissen und seiner inzwischen über 45-jährigen therapeutischen Erfahrung. Sein großes Herzensanliegen ist es, uns zu vermitteln, wie „Beziehungen zu einem Pfad des Aufstiegs in Liebe, Integrität, Ganzheit und Freude werden können". Das profunde Meisterwerk bringt uns diesem wunderbaren Ziel ein wesentliches Stück näher.

## WHY SHIT HAPPENS

**Warum guten Menschen schlimme Dinge zustoßen**
**Chuck Spezzano**

2. überarbeitete Neuauflage

Taschenbuch, 320 Seiten, ISBN 978-3-86616-513-7

Ganz gleich, was uns im Leben begegnet, welche Hürden sich in unserem persönlichen Entwicklungsprozess, in unseren Beziehungen oder unserem Beruf zeigen – es gibt nur einen Weg, der wirklich heilt, und er heißt: vollständige Selbstverantwortung. Welche Prinzipien und Dynamiken im menschlichen Bewusstsein dabei wirken und wie wir lernen, die Rolle der Selbstverantwortung in ihrer ganzen Dimension zu verstehen und unmittelbar anzuwenden, das erfahren wir in diesem Buch in einzigartiger Klarheit. „Nach 45 Jahren therapeutischer und beratender Tätigkeit fühlte ich mich jetzt erst bereit, dieses Buch zu schreiben", sagt der international bekannte Weisheitslehrer Chuck Spezzano und gibt uns damit einen Begriff von der fundamentalen Bedeutung des Themas für Bewusstwerdung und Transformation.

## Reise zu deinem wahren Selbst

**Herz und Seele im Einklang**

**Susann Theresa Braun**

Klappenbroschur, 144 Seiten, ISBN 978-3-86616-529-8

Immer wieder scheitert eine gut durchdachte Kommunikation in der Folge an der Umsetzung. Woran liegt das? Es fehlt eine zusätzliche Kommunikations- und Verständnisebene, die über das gesprochene Wort hinausgeht und für die Eindeutigkeit der Verständigung sorgt. Es fehlt Ihre innerste Überzeugung zu den Inhalten, die Sie transportieren wollen, Ihre „innere Haltung", die Sie dann in jeder Ihrer Zellen spüren und ausstrahlen und die unbewusst von Ihrem Gesprächspartner verstanden wird. Ihr Bewusstsein für die Verbindung Ihrer Herz- und Seelenenergie macht Sie zum Schöpfer Ihrer positiven Lebenseinstellung. Das Buch unterstützt Sie, den Zugang zu Ihrer Körperlichkeit, Ihrer Herzensenergie, Ihrer Seele und Ihrem Geist zu finden. So können Sie blockierende Bereiche erkennen und möglichst lösen. Einfache Übungen und Meditationen unterstützen Sie dabei und begleiten Sie auf der Reise zu Ihrem wahren Selbst. Lernen Sie, wie Sie in Ihrem Leben wahrhaftige Entscheidungen treffen, um ab sofort glücklicher zu leben.

## Wenn die Tage zu Ende gehen

**Abschied nehmen von einem geliebten Menschen**

**Urs-Beat Fringeli**

Klappenbroschur, 176 Seiten, ISBN 978-3-86616-525-0

Das Buch ist aus konkreten Erfahrungen und persönlicher Betroffenheit des Autors mit Abschied, Trauer und Loslassen entstanden. Es gehört seit einem Vierteljahrhundert zu seinen Aufgaben, trauernden Menschen beizustehen. Für seine Begleitung und seine Trostworte hat der Autor zahlreiche positive Rückmeldungen von Hinterbliebenen erhalten. Er setzt sich seit vielen Jahrzehnten mit diesem Thema auseinander und zieht aufgrund seiner Tätigkeit als Seelsorger immer auch die Perspektive eines Lebens nach dem Tod in Betracht. Die in diesem Buch behandelten Themen betreffen alle Menschen und bieten Lebenshilfe: Wer den Abschied im Blick hat, loslassen lernt, Vertrauen in die geistige Führung und ihre Möglichkeiten einübt, der kann besser, mit mehr Motivation und mehr Freude leben.

## Mantra Medizin

**Die heilsame Kraft der Mantras zur Stärkung der inneren Ausrichtung**

**Dr. med. Ingfried Hobert**

Klappenbroschur, 224 Seiten, ISBN 978-3-86616-517-5

Seit Anbeginn der Menschheit begleiten uns Mantras als Wegbereiter, Türöffner, Geburtshelfer neuer Gedanken und Felder sowie als Transformationshelfer hin zu strahlender Gesundheit. Sie verbinden uns mit etwas Größerem, das uns Wachstum und Erkenntnis bringt. Sie können Botschafter der Liebe sein und uns wie ein liebevoller Freund unterstützen und nähren. Sie bringen unser Herz ins Schwingen, können unser Leben tragen, schaffen ein Gefühl von Verbundenheit und geben Halt. So sind sie ein äußerst wichtiger Teil jedes Heilungsprozesses. Mantramedizin bedeutet, auf psychoemotionaler Ebene die Rahmenbedingungen zu schaffen, unter denen Selbstheilung besser und sicherer gelingen kann. Innehalten und Gewahrsein entwickeln sind die Schlüssel einer Medizin der Zukunft.

## Die Unsterblichkeit der Seele

**Intuition, Willenskraft und Weisheit – Die Essenz der Yogaphilosophie**

**Ralph Skuban**

Klappenbroschur, 160 Seiten, ISBN 978-3-86616-516-8

In der Identifikation mit dem körperlichen Aspekt unserer Existenz fehlt uns offenbar, was alle Traditionen immer wieder lehren: Wir sind trotz der Vergänglichkeit des Körpers unsterblich. „Woher kam, was uns das Leben schenkte, und wohin wird es gehen, wenn wir das Leben einmal aushauchen?" In diesem Buch geht es um die Kernfragen des Menschen. Vor dem Hintergrund des Yoga entfaltet es, worauf es im Leben ankommt: Was ist Leben? Wie wirklich ist die Wirklichkeit? Ich bin mehr als mein Körper. Wege zum inneren Frieden. Der ganze Schatz liegt in mir selbst. Über den Wunsch, Gott zu sehen. Glück und Glückseligkeit. Gott wohnt in der Stille des Atems. Dieses Buch zeigt einfühlsam und argumentativ, wie wir falsche Konzepte und Identifikationen aufgeben können, damit wir existenziell erkennen und begreifen, wer und was wir in Wirklichkeit sind und dass das Glück in uns selbst liegt.

## Kinder fördern mit Denkanstößen

**Mutmachende Impulse**

**Sabina Pilguj**

Klappenbroschur, 224 Seiten, ISBN 978-3-86616-512-0

Dieses Buch ist eine kleine Schatztruhe für Kinder, gefüllt mit wertvollen Botschaften. Die kurzen Gedankenimpulse sind zum Vorlesen oder Selberlesen geeignet. Viele Kinder erleben täglich Situationen, die sie verunsichern oder ihnen Stress verursachen. Dies kann zu Selbstzweifeln, Ängsten und psychosomatischen Beschwerden führen. Die einzelnen Mutmachimpulse sprechen Kinder zwischen vier und dreizehn Jahren direkt an, fördern ihr Selbstbewusstsein und ihre emotionale Stärke, Selbstachtsamkeit und soziale Integration. Alltägliche Themen, die Kinder bewegen, wie etwa ein wertschätzendes Miteinander, Sensibilität und Empathie, aber auch Mobbing und Stress durch besondere Herausforderungen werden aufgegriffen. Die Botschaften vermitteln kindgemäß soziale Werte, eine optimistische Lebenssicht, Vertrauen, Zuversicht und Liebe, die es den Kindern ermöglichen, das Leben mit Mut, Tatkraft, Selbstvertrauen, Freude und mehr Leichtigkeit zu genießen und ihre Potenziale zu entfalten.

## Empathie – Ich fühle, was du fühlst

**Bin ich ein Empath? So lerne ich meine empathischen Fähigkeiten anzunehmen und in Balance zu leben**

**Dr. Stephanie Red Feather**

Klappenbroschur, 320 Seiten, ISBN 978-3-86616-484-0, E-Book: 978-3-86616-494-9

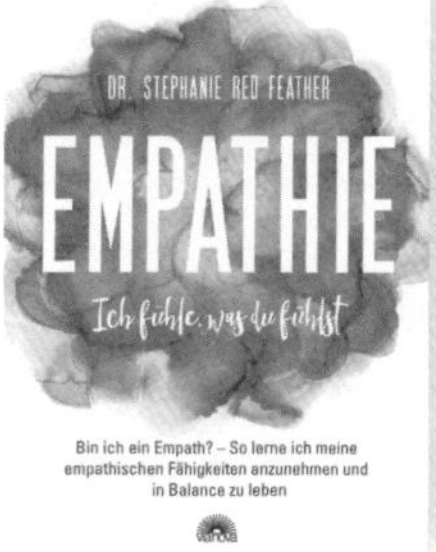


Kennen Sie das? Oft werden Sie von dem, was Sie wahrnehmen, spüren, empfinden und fühlen, vollkommen überwältigt. Und manchmal wissen Sie nicht, ob Sie sich selbst oder andere Menschen fühlen. Wenn Ihnen das vertraut vorkommt, sind Sie wahrscheinlich ein Empath! Extrem sensibel und empfänglich für subtile Energien, Emotionen und Schwingungen. Die Schamanin und Empathin Stephanie Red Feather hat ein halbes Leben gebraucht, um dieses Phänomen bei sich zu erforschen und herauszufinden, welch riesiges Potenzial Empathen in sich tragen. Daraus ist dieses Buch entstanden. Ein grandioser Leitfaden mit wertvollem Wissen sowie vielen Techniken und praktischen Übungen, die Empathen befähigen, in ihre Kraft und Mitte zu kommen und bewusst ihre Gaben und Herzqualitäten für sich und andere einzusetzen.